제4판

항공 예약실무

TOPAS SELLCONNECT
&
ABACUS

정호진 · 현복희 공저

백산출판사

머리말

현대인의 삶에 있어 가장 두드러진 현상은 여행이 생활의 필수품으로 자리매김하고 있는 것이라 할 수 있다. 과거 패키지 상품에서 스스로 여행 스케줄을 만들어 여행하는 개별 여행이 늘면서 관광상품 또한 다양하게 변신하고 있는 실정이다. 이러한 다양한 상품의 개발, 홍보, 판매의 중심에는 컴퓨터의 역할이 절대적이라 할 수 있다.

특히, 여행 스케줄의 첫 번째 단계인 항공좌석 예약은 컴퓨터에 전적으로 의존하고 있는 실정이다. 그러나 초기 항공예약업무는 수작업에 의존하였다. 방대한 항공 스케줄과 일정, 수많은 비행편, 각종 정보 등을 활용하기에 수작업은 역부족이었다. 이에 보다 나은 항공업무 수행을 위해 컴퓨터를 이용하여 개발된 것이 전산단말기인 CRS(Computerized Reservation System)이다.

CRS는 항공편의 예약, 발권, 운송, 호텔 및 렌터카 등 여행에 관한 종합적인 서비스를 제공하며 보다 정확하고 객관성이 요구되는 전자발권 등의 발권업무와 항공사 수익과 직결되는 다양한 마케팅 정책을 수행하기 위한 필수도구로도 활용되고 있다.

CRS는 여행업무에 없어서는 안 될 필수도구로 항공스케줄에 관한 기본 예약업무를 수행하기 위해서, 또한 항공 및 여행업체에 근무하기 위해서는 기본적으로 배워야 할 상식인 것이다.

따라서 본 교재는 항공과 여행업에 근무를 희망하는 항공·관광 관련학과 학생들을 위해 가장 많이 사용되고 있는 토파스와 애바카스의 예약 프로그램을 다루었다. 무엇보다 여행업계에서 인정하고 있는 각 CRS회사의 수료증을 취득할 수 있는 시험문제를 각 장별로 삽입하였으며, 마지막에는 종합문제로 구성하였다. 또한 대학의 16주 강의 중 중간과 기말, 축제기간을 제외한 13주 강의 계획으로 구성되어 있다.

저자의 국내외 항공사 업무의 경험과 교육담당으로서의 경험을 살려 최대한의 학습자 중심의 교재가 되도록 구성하였으므로 아무쪼록 본 교재를 통하여 항공 및 여행업체에 종사하고자 하는 모든 학습자에게 많은 도움이 되기를 바란다. 좋은 교재가 될 수 있도록 적극적으로 노력해 주신 백산출판사 임직원 여러분들께 감사드린다.

2009. 12

저자 일동

차 례

제 1 부 토파스(TOPAS SELLCONNECT)

제 1 장 • 항공예약업무의 개요 15

1. 항공예약의 개요 15
2. 항공예약과 CRS 18

제 2 장 • 항공예약의 시작 23

1. 시작 화면 23
2. 로그인 23
3. 초기화면 24
4. 작업장 확인 29
5. LOG OUT 30

제 3 장 • DECODE와 ENCODE 31

1. DECODE 42
2. ENCODE 47
   - 연습문제 52

제 4 장 • 예약가능편(AVAILABILITY) 조회 54

1. 예약가능편(Availability) 조회 54
2. 스케줄 TIME TABLE 63
   - 연습문제 69

제5장 • 예약 기록(PNR)의 필수입력 사항 작성 71

1. NAME ELEMENT(성명)(HE NM) 72
   - 연습문제 78
2. ITINERARY ELEMENT(여정) 80
   - 연습문제 91
3. CONTACT ELEMENT(전화번호)(HE AP) 92
4. TICKET ARRANGEMENT ELEMENT(항공권 발권시한)(HE TK) 93
5. RECEIVED FROM ELEMENT(예약의뢰자)(HE RF) 94
6. PNR 완성 및 조회 95
7. PNR 수정 및 삭제 99
   - 연습문제 105

제6장 • 사례별 PNR의 작성연습 107

제7장 • 예약기록(PNR)의 선택입력 항목 작성 112

1. FACT ELEMENTS(서비스 사항) 112
   - 연습문제 117
2. REMARKS(HE RM, HE RC, HE RX) 119
3. PRE-RESERVED SEAT(사전 좌석배정)(HE SEAT, HE ST) 122
4. FREQUENT FLYER NUMBER(상용고객 우대 제도)(HE FF) 129

제8장 • PNR의 완료 및 조회 134

1. PNR 작성의 완료 134
2. PNR 판독 137
3. PNR 조회 139

제9장 • SPLITTING PNR 143

1. PNR SPLIT란? 143
   - 연습문제 151

2. NON HOMOGENEOUS PNR(NHP) 152
3. COPYING PNR 155

제 10 장 • GROUP BOOKING 157

1. 단체의 정의 157
2. 단체 PNR 작성 순서 158
3. 승객명단 입력 159
4. 입력 이름 취소 161
5. GROUP 인원수 감원 162
6. NO NAME 및 이름입력 승객 감원(GROUP SPLIT) 163
■ 연습문제 166

제 11 장 • BOOKING CLASS의 이해 167

1. BOOKING CLASS 특징 167
2. BOOKING CLASS 개요 및 확인 절차 168
3. BOOKING CLASS 결정 과정 169
4. BOOKING CLASS의 결정 170

제 12 장 • RESERVATION CODE(예약 코드) 173

1. 예약 코드 173
2. 예약 코드의 종류 173
3. 예약 코드의 흐름 175
4. 사례 176
5. PNR HISTORY 조회 및 확인 177

제 13 장 • QUEUE 182

1. QUEUE란? 182
2. QUEUE의 기능 183
3. QUEUE의 종류 183
4. QUEUE BANK(번호별 설명) 183

5. QUEUE 확인 순서 185
6. 작성된 PNR을 QUEUE에 입력하는 방법 188
7. QUEUE 정리 189

제14장 • 항공사 LINK LEVEL 192

1. 정의 192
2. 항공사별 ACCESS LEVEL 조회 192
3. 종류 및 특징 193
4. 종류별 정확성 순서 195

■ 종합문제 196

제 2 부 애바카스

제 1 장 • 항공예약과 BOOKING CLASS 203

1. 운임 조회 및 결정 204
2. 적용된 운임의 BOOKING CLASS에 따른 예약(PNR) 완성 207
3. 여정표 208
   - 연습문제 209

제 2 장 • 항공예약 들어가기 210

1. 초기화면 210
2. SIGN IN & OUT 212
   - 연습문제 214

제 3 장 • DECODE와 ENCODE 216

1. DECODE와 ENCODE 216
2. DECODE 218
3. ENCODE 219
   - 연습문제 223

제 4 장 • 예약가능편(AVAILABILITY)과 스케줄 TIME TABLE 224

1. 예약가능편(AVAILABILITY) 조회 224
2. 스케줄 TIME TABLE 229
   - 연습문제 231

제 5 장 • PNR의 여정 작성 233

1. PNR의 작성 233
2. 여정(ITINERARY FIELD) 235
3. 여정의 수정 및 취소 239
4. 여정 작성 시 유의사항 241
   - 연습문제 243

제6장 • PNR의 이름(NAME FIELD) 245

1. 특 징 245
2. 입력 지시어 246
3. 이름(NAME)의 수정과 삭제 249
4. 이름(NAME FIELD) 작성 시 유의사항 253
■ 연습문제 254

제7장 • PNR의 연락처(PHONE FIELD)와 PNR의 저장과 취소 256

1. 연락처(Phone Field) 입력 256
■ 연습문제 258
2. PNR의 저장과 취소 259

제8장 • PNR 조회 267

1. PNR 번호를 이용한 조회 267
2. 승객의 성과 이름을 이용한 조회 268
3. PNR 내의 부분 입력사항 조회 270
4. 최초의 PNR 작성 시 사례별 오류 응답 270
■ 연습문제 273

제9장 • PNR 작성과 예약 코드 275

1. PNR 작성 연습 275
2. 예약 코드 276
3. 예약 코드의 흐름 278
■ 연습문제 280

제10장 • PNR의 선택사항 1 281

1. 특별서비스(SSR : Special Service Request) 281
■ 연습문제 289

2. 일반 정보서비스(OSI : Other Service Information) 290
■ 연습문제 294

제11장 • PNR의 선택사항 2 295

1. 사전좌석 예약(PRE RESERVED SEAT) 295
■ 연습문제 301
2. 상용고객 마일리지 입력(FREQUENT FLYER PROGRAM) 303
3. REMARKS 305
4. RECEIVED FROM 306

제12장 • DIVIDE 307

1. 특 징 307
2. 순 서 307
3. DIVIDE 작업의 유의사항 311
■ 연습문제 312

제13장 • 사례별 PNR 작성 314

1. 일본 노선 314
2. 동남아 노선 315
3. 미주 노선 317

■ 종합문제 318
■ 참고문헌 324

| 제1부 | 토파스 (TOPAS SELLCONNECT)

제 1 장 항공예약업무의 개요

제 2 장 항공예약의 시작

제 3 장 DECODE와 ENCODE

제 4 장 예약가능편(AVAILABILITY) 조회

제 5 장 예약 기록(PNR)의 필수입력 사항 작성

제 6 장 사례별 PNR의 작성연습

제 7 장 예약기록(PNR)의 선택입력 항목 작성

제 8 장 PNR의 완료 및 조회

제 9 장 SPLITTING PNR

제10장 GROUP BOOKING

제11장 BOOKING CLASS의 이해

제12장 RESERVATION CODE(예약 코드)

제13장 QUEUE

제14장 항공사 LINK LEVEL

종합문제

제 **1** 장

항공예약업무의 개요

1. 항공예약의 개요

1) 항공사의 상품과 예약

가. 항공사의 상품

항공기를 이용하여 출발지로부터 도착지까지 공간적으로 이동시키는 운송수단을 제공하는 소비자상품으로서 운송서비스가 구현되는 좌석(Seat)을 항공사의 상품이라 한다.

나. 항공좌석(SEAT)의 성격

생산과 동시에 소비되는 무형의 상품으로 재고가 불가능함에 따라 판매되지 못한 좌석으로 인한 손실이 발생하는 일회성, 소멸성의 성격을 갖는다(좌석등급에 따라 크게 일등석, 비즈니스석, 이코노미석으로 구분).

[Economy Class]

[Bussiness Class]

[First Class]

다. 항공예약(Reservation)

항공사 상품인 좌석은 항공편의 운송과 동시에 소비가 되는 일회성, 소멸성인 특성을 가지고 있으므로 생산과 동시에 상품이 소비되지 않을 경우 항공사의 입장에서는 막대한 손실이 발생하게 된다. 이에 항공좌석이라는 상품의 손실을 최대한 감소시키기 위해서는 생산과 동시에 소비될 수 있도록 사전에 상품판매에 대한 예약과 발권의 형태로 소비자와 계약을 진행함으로써 상품 소요량을 예측, 계획할 수 있게 하여 항공사의 수익을 극대화시킬 수 있다.

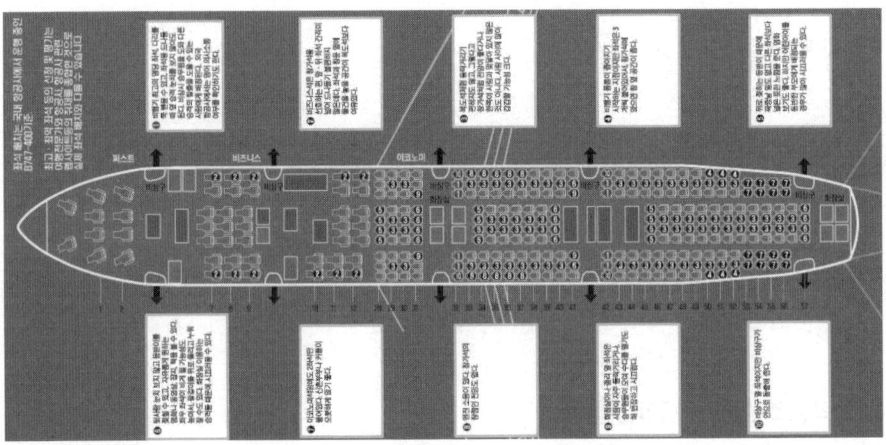

2) 항공예약의 역할

가. 항공좌석의 효율적인 판매

항공사의 상품인 좌석은 무형의 상품으로서 생산과 동시에 소멸되므로 항공기가 출발하는 시점까지 정확하게 수요를 예측하고 판매함으로써 좌석의 효율적인 관리가 이루어진다.

나. 고객서비스의 제공

고객이 여행에 필요한 호텔/렌터카의 예약, 특별 기내식 요청, 사전 좌석배정, 몸이 불편한 승객을 위한 휠체어 서비스 등 고객의 편의를 위한 서비스를 제공한다.

다. 여행정보 제공

항공편뿐만 아니라 여행하고자 하는 나라에 대한 VISA, 날씨, 언어 등의 일반적인 여행 정보 등 여행에 필요한 모든 정보를 제공하고 있다.

3) 항공예약의 경로

가. 직접 예약 경로

해당 항공사에 직접 방문하거나 항공사 홈페이지를 통해 직접 예약할 수 있으며 최근에는 각 항공사의 온라인 판매정책의 강화로 각종 할인 등의 혜택이 주어지므로 갈수록 이용객이 증가하는 추세를 보이고 있다.

나. 간접 예약 경로

① 여행사를 통한 예약

② 총판 대리점(GSA : General Sales Agency)

해당 지역 내에 항공사의 지점이나 영업소가 없는 경우 그 업무를 대행할 제 3자를 지정하여 역할을 대신 수행하게 하는 경우가 있는데 이것이 총판 대리점이다. 항공사의 역할 일부와 여행사의 역할을 함께 수행하고 있다.

③ 타 항공사를 이용한 예약

승객의 여정이 여러 도시를 경유하는 경우 운항 항공사는 여러 곳이 발생할 수 있다. 이럴 경우 예약을 각 항공사에 따로 해야 하는 번거로움이 발생할 수 있다. 그러나 각 항공사들은 자사의 CRS를 이용하여 타 항공사 구간의 예약도 부분적으로 함께 수행할 수 있으므로 이러한 번거로움을 해결할 수 있다.

2. 항공예약과 CRS(Computerized Reservation System)

1) 항공예약과 CRS

최초의 예약업무의 수행은 주로 벽만 한 크기의 보드를 통해 수작업으로 좌석 관리가 진행되었으나, 그 후 항공사는 효율적인 업무진행을 위하여 전산화의 필요성을 느끼게 되었다. 이에 예약업무의 전산화를 추진하게 되어 1964년 항공사 최초로 아메리칸항공(AA)이 IBM과 합작하여 SABRE(Semi-Automated Business Reservation Engine)시스템을 개발하여 본격적으로 운용을 시작하였다.

2) CRS의 전개

항공사들은 좌석예약업무를 위해 정보기술의 적용을 지속적으로 확대하였으며, 1976년 SABRE를 여행사 대리점에 설치하기 시작하면서 CRS는 항공사의 업무자동화 기능뿐만 아니라 영업활동의 중요한 도구로서 그 역할이 확대되었다. 이를 시작으로 유럽 및 아시아 지역 항공사들도 서로 연합하여 새로운 CRS를 개발, 보급함으로써 미국의 거대 CRS에 대비해 자국의 시장을 보호함과 동시에 미국의 'MEGA CRS' 제휴관계도 증대시키게 되었다. 이러한 과정에서 발전된 것이 바로 글로벌예약시스템인 GDS(Global Distribution System)이다. GDS는 CRS가 발전해 나가는 과정에 탄생된 것으로 GDS의 발전은 여러 항공사가 연합하여 탄생된 경우도 있고, 하나의 CRS 회사가 단독적으로 GDS 사업을 벌이고 있는 경우도 있다.

국 가	CRS 전개	참여 항공사	비 고
미 국	SABRE	아메리칸항공(AA)	
	PARS	노스웨스트(NW), 트랜스월드(TW)	WOLDSPAN 으로 통합
	DATAS 2	델타항공(DL)	
	SYSTEM ONE	콘티넨탈항공(CO)	APOLLO/ GALILEO 합병
	APOLLO	유나이티드항공(UA)	
유 럽	GALILEO	영국항공(BR), 스위스항공(SR), 알리타리아항공(AZ), 네델란드항공(KL) 등 다수 항공사	
	AMADEUS	에어프랑스(AF), 루프트한자(LH), 스칸다나비아(SK), 이베리항공(IB) 등 다수 항공사	TOPAS와 제휴
아시아	ABACUS	홍콩항공(CX), 싱가포르항공(SQ), 말레이시아항공(MH), 대만항공(CI), 필리핀항공(PR), 가루다항공(GA), 전일본항공(NH) 등 다수 항공사	SABRE와 제휴
한 국	ARTIS	아시아나항공(OZ) 1988년부터 서비스 실시	
	TOPAS	대한항공(KE) 1990년부터 서비스 실시	

〈참고〉 국내 CRS

- TOPAS Sell Connect

토파스는 대한항공과 세계 최대의 항공/여행 관련 IT기업인 아마데우스(AMADEUS)가 공동 출자하여 설립한 종합 여행정보시스템 회사이다. 1975년 KALCOS라는 이름으로 한국시장 최초의 CRS(Computerized Reservation System)시스템을 적용한 이후 한국 여행시장의 선진화에 기여해왔다.

최근 토파스는 차세대 예약시스템으로 TOPAS Sell Connect라는 명칭의 새로운 시스템을 도입하여 여행사의 판매 증대를 꾀하고 있다. 이 시스템은 항공사, 여행사 그리고 고객을 하나로 연결한다는 의미를 지니고 있으며, 전 세계적으로 항공, 호텔, 렌터카 등 예약, 발권 서비스를 제공하는 AMADEUS의 예약시스템인 Selling Platform을 기반으로 개발되었으며, 전 세계 약 40%의 여행사가 사용 중이고, 700개 항공사, 11만 개의 호텔, 렌터카 등 여행관련 모든 콘텐츠가 연결된 시스템이다.

• ABACUS

싱가포르에 본사를 두고 있는 ABACUS는 일본 및 미국 내에 시스템 기능 개발과 지원을 위한 컴퓨터 센터를 운영하고 있다. 설립에 참여한 일본공수(NH), 캐세이퍼시픽(CX), 중국항공(CI), 말레이항공(BI), 실크항공(MI), 애바항공(BR), 가루다 인도네시아항공(GA) 등의 항공사 국가에 NMC(National Marketing Company) 설립을 통하여 해당 지역 내에 지원체재를 구축하고 각국 NMC에서는 대리점 교육, 현장지원 및 각종 문제점 해결을 도모하는 Help Desk를 운영하고 있으며, 시스템 기능 개발을 위하여 시장의 요구를 ABACUS 상품개발부서에 통보하고 조정하는 역할을 수행하고 있다. 국내 여행사들은 ABACUS를 이용하여 전 세계 500여 개 항공사들에 대한 스케줄 및 이용 가능편 조회를 할 수 있으며, 60,000여 개의 호텔과 160여 개의 렌터카 공급업체가 가입되어 있다. 또한 200여 개의 항공사들에 대한 실시간 좌석조회도 가능하다.

3) CRS의 중립성과 GDS의 탄생

1970년대부터 여행사에 단말기 형태로 보급되기 시작한 CRS는 원칙적으로 특정 항공사에 유리하도록 화면구성을 할 수 없는 것이 원칙이었다. 이것을 CRS의 중립성 혹은 비 차별성이라고 하는데, 초기의 CRS는 자사 항공사의 업무편의를 위해 만들어졌기 때문에 여행사에 보급되는 CRS까지도 자사 항공편을 위주로 운영하도록 되어 있었고 이에 따라 CRS를 갖고 있지 않은 항공사와 자의적인 선택의 기회를 갖지 못하게 된 사용자들이 피해를 입게 되자 1984년 미국의 교통부에서는 이러한 행위들의 불합리성을 인정하여 항공사 간의 공정한 경쟁을 보장하고, 소비자를 보호한다는 이유로 CRS 관련법규를 제정, 공포하였다.

여행사는 항공권 판매를 위해 여러 항공사의 CRS를 구비해야 하는 시간적, 물리적 부담을 안고 있었는데 이러한 변화에 따라 기존의 CRS들은 자사 항공권 판매를 위주로 해왔던 기능을 상실하게 되고 여행사에 중립적으로 보급할 수 있는 차별화된 성격의 CRS를 필요로 하게 되고 그것이 현재의 GDS(Global Distribution System) 사업이 시작되었다.

GDS는 CRS를 이용한 다른 형태의 비즈니스 모델이라고 볼 수 있는데 항공사 위주로 개발되고 발전된 것이 CRS라고 한다면 GDS는 여행사와 항공사 간의 업무를 연계해주는 중개 역할을 한다고 할 수 있다. GDS는 항공사 CRS의 모든 기능을 구비하고 있으면서 중립성과 독립성을 갖고 있고 항공사가 여행사에게 자사의 CRS를 보급하는 것 대신 GDS를 사용하게 함으로써 필요한 정보제공 및 예약발권 기능을 사용할 수 있도록 하면서 이러한 것을 가능하게 해주는 GDS에게 사용료를 지불하는 형태이다.

4) CRS/GDS의 기능

- 항공 스케줄, 운항정보 조회, 잔여좌석 상태 조회 및 좌석 예약
- 운항구간의 운임조회 및 항공권 발행
- 호텔/렌터카 정보 조회 및 예약
- 상용고객의 세부 정보 내역 저장 관리
- 여행 상품의 정보 제공
- 국가별 비자 등 여행관련 정보 조회
- 항공업계 뉴스 및 시스템 소식 조회

5) CRS 예약완성 화면

예약의 기본사항인 이름, 여정(좌석), 연락처를 입력하여 완성한 예약화면이다.

```
--- RLR ---
① RP/SELK13923/SELK13923   ② 20/SU   ③ 14OCT13/0603Z   ④ 3UIR9H
④ 0903-3066
⑤ 1. HAN/KYUNGTAEMR(INF/JINMSTR/01OCT12)
⑥ 2. HAN/MYUNGHEEMISS(CHD/01NOV09)
⑦ 3 AF 267 Y 01JUN 7 ICNCDG HK2  0825     0925 1420    *1A/E*
  4 AF 264 Y 01JUL 2 CDGICN HK2  1235 2E 1335 0705+1 *1A/E*
⑧ 5 AP SEL 02-520-0694 - BAEKSEOK ARTS UNIVERSITY - A
  6 APM 010-2358-7777/P1
⑨ 7 TK TL01MAY/1700/SELK13923
⑩ 8 SSR INFT AF HN1 HAN/JINMSTR 01OCT12/S3/P1
⑪ 9 SSR CHLD AF HK1 01NOV09/P2
 10 SSR INFT AF HN1 HAN/JINMSTR 01OCT12/S4/P1
⑫ 11 OPW SELK13923-22MAY/1C7/AF REQUIRES TICKET ON OR BEFORE
                 22MAY/S3-4
  12 OPC SELK13923-23MAY/1C8/AF CANCELLATION DUE TO NO TICKET/S3-
     4
```

① 예약작성 Office ID(Responsible Office)

② Agent Sign/Duty Code

③ 예약 작성 최종 업데이트 날짜와 시각

④ 예약번호

⑤ 승객이름 어른(유아)

⑥ 승객이름 소아

⑦ 여정

⑧ 연락처

⑨ 항공권 발권시한

⑩ 보호자 1번 승객 연결하여 유아의 이름 및 생년월일 자동 전송

⑪ 소아승객 생년월일 자동 전송

⑫ 항공사가 항공권에 관한 발권시한에 대한 내용을 자동 전송(항공사마다 차이가 있음)

제 2 장

항공예약의 시작

1. 시작 화면

2. 로그인

① 비밀번호는 7~15글자로, 대소문자 혼용이 가능하다.

② 비밀번호 변경은 비밀번호 분실을 클릭하면 등록한 E-mail로 보내지며,

48시간 이내에 해당 Link를 통해 Sell Connect으로 접속해야 유효하다.

③ 매일 Link를 통해 접속 후, 새로 설정한 비밀번호를 입력한다.

④ 여행사 입장에서는, Manager Mail Address가 등록되어 있으면 실 사용자가 사용하는데 문제가 있을 가능성이 있으므로 개인 Mail Address 등록하도록 한다.

⑤ 여행사에서 ID를 잊어버린 경우 또는 Mail Address를 잊어버린 경우 Helpdesk에 연락하여 처리한다.

3. 초기화면

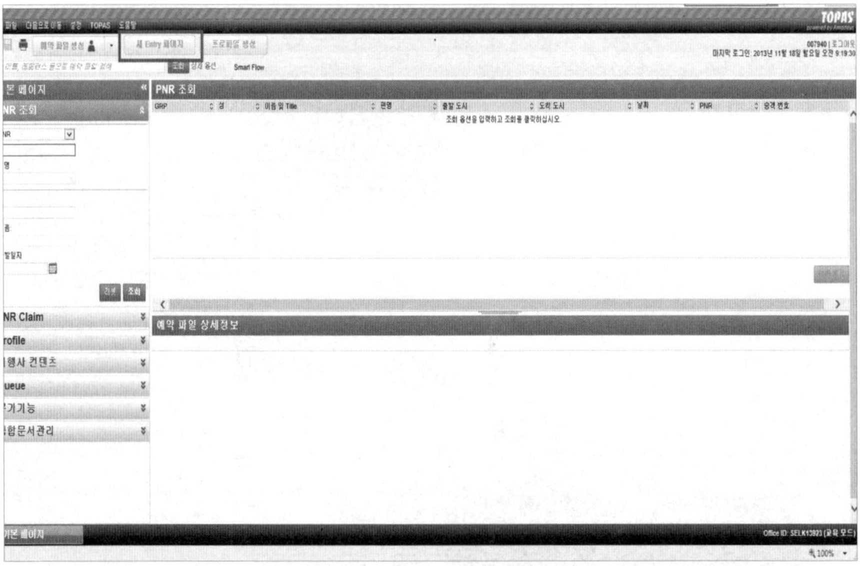

☞ 로그인 후 위와 같은 화면 창이 나오면 붉은 박스의 새 Entry 화면을 Click 한다.

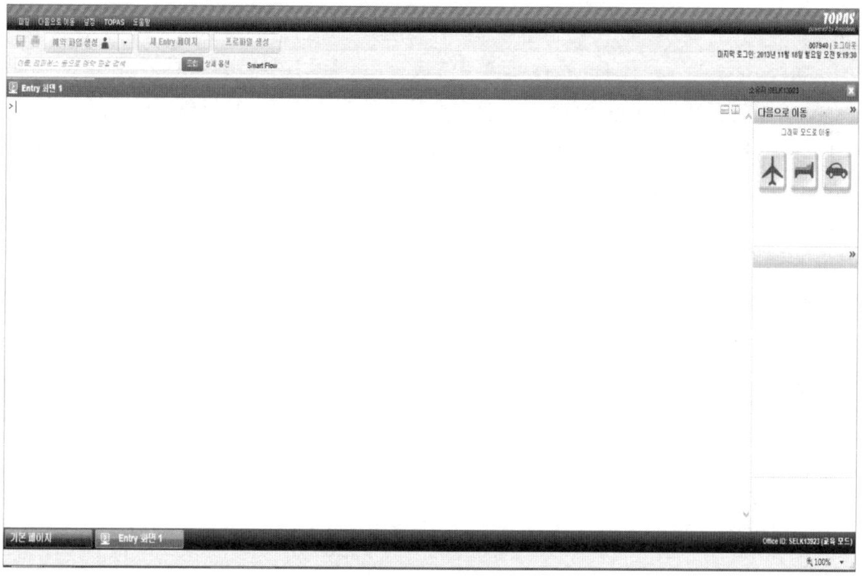

☞ 새 Entry 화면을 Click하면 위와 같은 화면이 나타난다.

1) ENTRY 화면

☞ 화면 설명

화면 표시 부호	설 명
〉	SOM(Start of Message) 지시어의 시작 위치를 나타내주며 화면의 좌측에 항상 표시되어진다.
|	명칭은 Cursor로 지시어의 위치를 알려주며 한 자씩 칠 때마다 뒤로 이동하며 내용의 시작과 끝을 알려준다.

2) KEY BOARD 사용법

KEY BOARD	설 명
Enter	Enter 기능, 지시어 작업 수행
Pause	현재조회되어 있는 화면은 위로 이동하면서 현재 화면은 아래 화면으로 이동, 화면의 내용이 Clear되는 기능은 아니다.
Alt + →	이전의 지시어(History) 재조회기능

〈참고〉

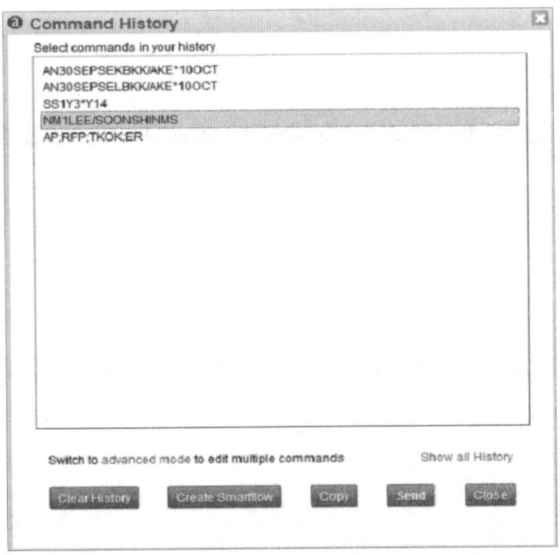

☞ "Alt + →" key 수행시 이전의 지시어 화면이 위와 같이 나타나며 재조회를 원하는 항목을 Click하여 "Send"로 작업을 수행하면 된다.

3) 특수기호의 종류

특수기호	명 칭	설 명
*	Asterisk, Astar	지시어 상의 항목을 구분해 주는 기능
–	Hyphen	이름 입력 지시어, 연속적인 범위 지정
/	Slash	다른 내용 입력 분류기능, Insert(삽입) 기능

4) SCROLLING(화면이동)

```
> FQDSELPAR/D01MAY

FQDSELPAR/D01MAY
AB  AC  AF  AI  AY  AZ  BA  BD  BR   TAX MAY APPLY
CA  CI  CX  CZ  DE  EK  EY  GF  HU   SURCHG MAY APPLY-CK RULE
HY  IT  JL  KE  KL  LA  LH  LO  LT
LX  MH  MS  MU  NH  NW  NZ  OK  OS
OZ  PK  PS  QF  QR  RJ  SK  SN  SQ
SU  SV  TG  TK  UA  UL  VA  VN  VS
WY  9W  /YY*AA  AC  AF  AK  C6  DY
D2  D7  EK  E6  FD  FR  GI  GX  G5
JD  KE  LH  LL  LQ  OZ  QH  QZ  RB
RY  R3  R8  SB  SP  TB  UK  UN  UR
U2  VB  VK  VY  WW  W7  XF  X5  YC
4U  6Q  7A  9B  9G  9H  9Q
ROE 1120.972 UP TO 100.00 KRW
01MAY14**01MAY14/YY SELPAR/NSP;TS/TPM  5626/MPM  8342
LN FARE BASIS    OW    KRW    RT    B PEN  DATES/DAYS  AP MIN MAX R
01 FIF        6669800          +    -   -     -        -   -   -  M
02 CIF        5229900          +    -   -     -        -   -   -  M
03 FIF              10261100   +    -   -     -        -   -   -  M
04 CIF               8046000   +    -   -     -        -   -   -  M
                                          PAGE  1/ 3
```

```
> HELP MS
                    HOW TO SCROLL            EN   28JAN08 0919Z

FOR AN EXPLANATION, PLEASE ENTER:  MS64

TASK                                                  REFERENCE
----                                                  ---------
SCROLLING IN AMADEUS INFORMATION PAGES AND ONLINE HELP      MS85

SCROLLING IN AMADEUS AIR                                    MS106

SCROLLING IN A PNR OR PROFILE                               MS169

SCROLLING IN AMADEUS TICKETING                              MS190

SCROLLING IN AMADEUS CAR RESERVATION                        MS232

SCROLLING IN AMADEUS HOTEL RESERVATION                      MS274

SCROLLING IN AMADEUS RAIL SEAT MAPS                         MS295

SCROLLING IN TIMATIC                                        MS316
                                                            MD
```

☞ 위의 응답화면의 하단 가장 마지막 줄에 PAGE 1/3 혹은 MD 표시가 있을 경우 응답내용이 더 있다는 표시로 다음과 같은 지시어를 통하여 화면을 이동, 응답내용을 확인할 수 있다(단, 화면에 아무런 표시가 되어 있지 않은 경우도 있다).

MD	MOVE DOWN(다음 화면으로 이동)
MU	MOVE UP(위 화면으로 이동)
MB	MOVE BOTTOM(마지막 화면으로 이동)
MT	MOVE TOP(첫 화면으로 이동)

4. 작업장 확인

〈지시어〉

```
JD
```

```
MUCWW2AAB-9CB34A2C IN REMOTE OFFICE MODE OF SELK13923-AA1318B1
                 ①                                  ②
9CB34A2C          SELK13923          PSEUDO CITY : AGY
AREA   TM   MOD  SG/DT.LG TIME  QCAT ACT.Q    STATUS      NAME
 ③     ④    ⑤    ⑥  ⑦  ⑧         ⑨             ⑩          ⑪
A-IN        TRN  20/SU.EN   24                SIGNED
B                                             NOT SIGNED
C                                             NOT SIGNED
D                                             NOT SIGNED
E                                             NOT SIGNED
F                                             NOT SIGNED
```

	화면표시	설 명
①	9CB26F55	CRT(Terminal) 고유의 주소
②	SELK13UA	Office ID
③	AREA	A, B, C, D, E, F의 작업장을 나타내며 현재 사용 중인 작업장은 IN으로 표시
④	TM	Type Mode (예: A-OUT 03M: 3분전 A 작업장에서 Sign Out을 의미)
⑤	MOD	Mode (TRN : Training Mode)
⑥	SG	Sign
⑦	DT	Duty Sign(SU : Supervisor)
⑧	LG	Language(언어)(EN : English)
⑨	QCAT	Queue 관련사항
⑩	STATUS	Sign 입력 상태 및 현재 작업 중인 내용
⑪	NAME	작업 중인 내용이 있을 경우 승객이름이 보인다.

5. LOG OUT

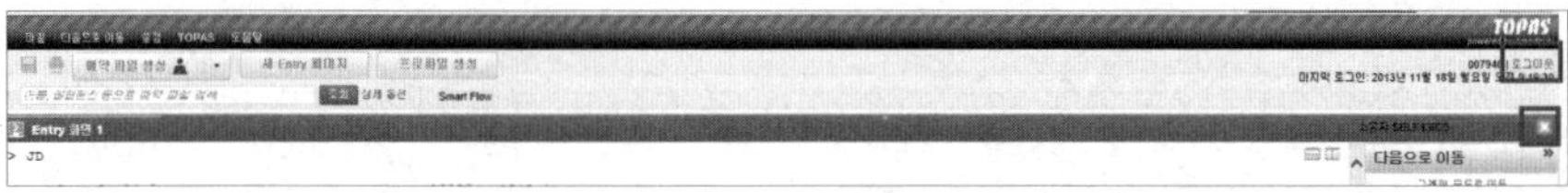

☞ 화면 상단의 붉은색 박스의 로그아웃을 Click하거나 바로 밑단의 “X” 마크를 Click하면 된다.

제 3 장

DECODE와 ENCODE

◆ 개요

항공업무를 수행하기 위해서는 먼저 월별코드(Monthly Code)와 IATA (International Air Transportation Association) 주관 하에 코드화하여 사용하고 있는 도시, 공항의 3-Letter 코드와 항공사의 2-Letter 코드를 알아야 한다. 이는 항공업무의 신속성과 정확성을 통해 효과적인 업무수행을 위한 것이다. 이에 코드의 의미를 풀어보는 작업을 DECODE라 하고, 각각의 명칭을 코드화하는 작업을 ENCODE라 한다.

◆ 반드시 알아두어야 할 주요 코드

1) 월별 코드(Monthly Code)

월	코드
JANUARY	JAN
FEBRUARY	FEB
MARCH	MAR
APRIL	APR
MAY	MAY
JUNE	JUN

월	코드
JULY	JUL
AUGUST	AUG
SEPTEMBER	SEP
OCTOBER	OCT
NOVEMBER	NOV
DECEMBER	DEC

2) 노선별 주요 도시 및 공항 CODE

일반적으로 도시에 공항이 하나만 있을 경우에는 도시 코드와 공항 코드가 동일하게 사용되어지나 두 개 이상의 공항이 있는 도시일 경우 도시 코드와 공항 코드는 별도로 존재한다.

〈일본〉

도시명	도시 코드	공항 코드	도시명	도시 코드	공항 코드
TOKYO	TYO	NRT, HND	YONAGO	YGJ	
OSAKA	OSA	KIX, ITM	MIYAZAKI	KMI	
FUKUOKA	FUK		KUMAMOTO	KMJ	
NAGOYA	NGO		SAPPORO	SPK	CTS
HAKODATE	HKD		NIIGATA	KIJ	
HIROSHIMA	HIJ		OKAYAMA	OKJ	
KOMATSU	KMQ		AKITA	AXT	
OKINAWA	OKA		KAGOSHIMA	KOJ	
MATSUYAMA	MYJ		OITA	OIT	
TAKAMATSU	TAK		NAGASAKI	NGS	
FUKUSHIMA	FKS		AOMORI	AOJ	
SENDAI	SDJ		ASAHIKAWA	AKJ	
TOYAMA	TOY				

〈중국〉

도시명	도시 코드	공항 코드	도시명	도시 코드	공항 코드
BEIJING (북경)	BJS	PEK	XIAN(서안)	SIA	XIY
QINGDAO (청도)	TAO		YANJI (연길)	YNJ	
SHENYANG (심양)	SHE		NAJING (남경)	NKG	
DALIAN (대련)	DLC		HANGXHOU (항주)	HGH	
CHANGCHUN (장춘)	CGQ		SANYA (하이난)	SYX	
SHAGHAI (상해)	SHA	PVG, SHA	JINAN (제남)	TNA	
GUANGZHOU (광조우)	CAN		XIAMEN (하문)	XMN	
HARBIN (하얼빈)	HRB		KUNMING (곤명)	KMG	
TIANJIN (천진)	TSN		WUHAN (무한)	WUH	
YANTAI (연태)	YNT		CHANGSHA (장사)	CSX	
GUILIN (계림)	KWL		SHENZHEN (심천)	SZX	
CHONGQING (중경)	CKG		WEIHA (위해)	WEH	
CHENGDU (성도)	CTU		HAIKOU (해구)	HAK	

〈동남아〉

도시명	도시 코드	공항 코드	도시명	도시 코드	공항 코드
BANGKOK	BKK		PHUKET	HKT	
HONGKONG	HKG		CLRAK	CRK	
SINGAPORE	SIN		SUBIC	SFS	
KUALA LUMPUR	KUL		PENANG	PEN	
TAIPEI	TPE		KOTA KINABALU	BKI	
CLRAK	CRK		LANGKAWI	LGK	
MANILA	MNL		SIEM REAP	REP	
CEBU	CEB		PHNOM PENH	PNH	
JAKARTA	JKT	CGK	CHIANG MAI	CNX	
HO CHI MINH	SGN		KOH SAMUI	USM	
HANOI	HAN		MACAU	MFM	
KAOSHIUNG	KHH		KALIBO	KLO	

〈대양주〉

도시명	도시 코드	공항 코드	도시명	도시 코드	공항 코드
GUAM	GUM		DARWIN	DRW	
SAIPAN	SPN		AUCKLAND	AKL	
SYDNEY	SYD		CHRIST-CHURCH	CHC	
BRISBANE	BNE		CAIRNS	CNS	
ADELAIDE	ADL		WELLING-TON	WLG	
MELBOURNE	MEL		QUEENSTOWN	ZQN	
PERTH	PER		KOROR	ROR	

〈서남아〉

도시명	도시 코드	공항 코드	도시명	도시 코드	공항 코드
MUMBAI	BOM		COLOMBO	CMB	
BANGALORE	BLR		KARACHI	KHI	
DHAKA	DAC		PHNOM PENH	PNH	
YANGON	RGN		CHENNAI	MAA	
DELHI	DEL		KATHMANDU	KTM	

〈유럽〉

도시명	도시 코드	공항 코드	도시명	도시 코드	공항 코드
AMSTERDAM	AMS		ATHENS	ATH	
BRUSSELS	BRU	BRU, ZYR	PARIS	PAR	CDG, ORY
COPENHAGEN	CPH		ROME	ROM	FCO
FRANKFURT	FRA		GENEVA	GVA	
ISTANBUL	IST		LONDON	LON	LHR, LGW
MADRID	MAD		MANCHESTER	MAN	
MILAN	MIL	MXP, LIN	MUNICH	MUC	
STOCKHOLM	STO	ARN	VIENNA	VIE	
ZURICH	ZRH				

〈중동〉

도시명	도시 코드	공항 코드	도시명	도시 코드	공항 코드
ALMATY	ALA		TEL AVIV	TLV	
BAHRAIN	BAH		AMMAN	AMM	
RIYADH	RUH		BEIRUT	BEY	
DUBAI	DXB		CAIRO	CAI	
TEHRAN	THR				

〈미주/캐나다/남미〉

도시명	도시 코드	공항 코드	도시명	도시 코드	공항 코드
LOS ANGELES	LAX		HOUSTON	HOU	IAH, HOU
SAN FRANCISCO	SFO		LAS VEGAS	LAS	
SEATTLE	SEA		VANCOUVER	YVR	
HONOLULU	HNL		CALGARY	YYC	
CHICAGO	CHI	ORD, MDW	TORONTO	YTO	YYZ
NEW YORK	NYC	JFK, EWR, LGA	MONTREAL	YMQ	YUL
WASHING-TON	WAS	DCA, IAD, BWI	MEXICO CITY	MEX	
ATLANTA	ATL		LIMA	LIM	
DALLAS	DFW		BUENOS AIRES	BUE	EZE
BOSTON	BOS		SANTIAGO	SCL	
MINNEAPOLIS	MSP		SAO PAULO	SAO	GRU

〈아프리카〉

도시명	도시 코드	공항 코드	도시명	도시 코드	공항 코드
ABUJA	ABV		NAIROBI	NBO	
CAPETOWN	CPT		BEIRUT	BEY	
JOHANNES-BURG	JNB		LAGOS	LOS	
HARARE	HRE				

〈러시아〉

도시명	도시 코드	공항 코드	도시명	도시 코드	공항 코드
KHABAROVSK	KHV		ULAANBAATAR	ULN	
ST PETERS-BURG	LED		VLADIVOSTOK	VVO	
MOSCOW	MOW	SVO, DME	SAKHALINSK	UUS	
TASHKENT	TAS				

3) 주요 항공사 코드

항공사명	항공사 코드	항공사명	항공사 코드
ASIANA AIRLINES	OZ	KOREAN AIR	KE
AMERICAN AIRLINES	AA	AIR CANADA	AC
AIR INDIA	AI	BRITISH AIRWAYS	BA
BRITISH MIDLAND AIRWAYS LIMITED	BD	AIR CHINA	CA
CONTINENTAL AIRLINES	CO	CATHAY PACIFIC AIRWAYS	CX
DELTA AIR	DL	GARUDA INDONESIA	GA
SPANAIR S.A	JK	JAPAN AIRLINES	JL
LUFTHANSA	LH	POLISH AIRLINES	LO
MALAYSIA AIRLINES	MH	MEXICANA DE AVIACION	MX
ALL NIPPON AIRWAYS	NH	NORTHWEST AIRLINES	NW
AIR NEW ZEALAND	NZ	AUSTRIAN AIRLINES	OS
PHILIPPINE AIRLINES	PR	QANTAS AIRWAYS	QF
VARIG AIRLINES	RG	SCANDINAVIAN AIRLINES	SK
SINGAPORE AIRLINES	SQ	THAI AIRWAYS	TG
UNITED AIRLINES	UA		

〈참고〉

* 도시의 앞 3자리가 도시 코드인 경우

예) ROME - ROM

도시명	도시 코드	도시명	도시 코드
MILAN	MIL	LONDON	LON
FRANKFURT	FRA	AMSTERDAM	AMS
ATHENS	ATH	BRUSSELS	BRU
PARIS	PAR	ISTANBUL	IST
MADRID	MAD	MANCHESTER	MAN
STOCKHOLM	STO	VIENNA	VIE
HAMBURG	HAM	CHICAGO	CHI
RIO	RIO DE JANEIRO	LASVEGAS	LAS

* 캐나다에 속한 도시 코드는 Y로 시작한다

도시명	도시 코드	도시명	도시 코드
VANCOUVER	YVR	CALGARY	YYC
TORONTO	YTO	MONTREAL	YMQ
OTTAWA	YOW	HALIFAX	YHZ
YWG	WINNIPEG		

* 도시명의 첫 글자와 선택 2자로 구성된 도시 코드

도시명	도시 코드	도시명	도시 코드
BANGKOK	BKK	GENEVA	GVA
DETROIT	DTT	GUAM	GUM
HONOLULU	HNL	MOSCOW	MOW
OKINAWA	OKA	HARBIN	HRB
TEHRAN	THR	SAN FRANCISCO	SFO

〈DECODE 연습〉

도시명	도시 코드	도시명	도시 코드
AMS		BKK	
PAR		SIN	
BJS		TYO	
JNB		FRA	
IST		KUL	
MNL		LON	
OSA		SHA	
CHI		NBO	
ABV		YVR	
LAS		YYZ	
MEX		ROM	
HOU		BOS	
TPE		HKT	
HKG		MFM	
PNH		HAN	
KHH		SYX	
YNJ		SIA	
DLC		REP	
FUK		YGJ	
OKJ		AXT	
MYJ		SDJ	
AOJ		NGS	
YNT		TAO	
SAO		YMQ	
GVA		VIE	
ALA		TLV	

도시명	도시 코드	도시명	도시 코드
CAI		ULN	
MOW		UUS	
KHV		TAS	
YYC		SFO	
SEA		KTM	

공항 코드	공항명	공항 코드	공항명
NRT		HND	
GMP		ICN	
KIX		ITM	
CTS		PEK	
PVG		CGK	
CDG		ORY	
FCO		LIN	
ARN		LHR	
LGW		IAH	
ORD		YYZ	
JFK		EWR	
LGA		YUL	
DCA		IAD	
BWI		SVO	

〈ENCODE 연습〉

도시명	도시 코드	도시명	도시 코드
SEOUL		HONGKONG	
TOKYO		SINGAPORE	
BANGKOK		TAIPEI	
OSAKA		LONDON	
FUKUOKA		FRANKFURT	
SYDNEY		ZURICH	
NEW YORK		DALLAS	
LAS VEGAS		BEIJING	
SHANGHAI		HOCHIMING	
HANOI		AMSTERDAM	
KUALA LUMPUR		GUAM	
SAIPAN		LAGOS	
AUKLAND		HONOLULU	
MONTREAL		SANTIAGO	
ATLANTA		BOSTON	
VIENNA		JOHANNESBURG	
MEXICO CITY		YANTAI	
DUBAI		PUSAN	
LOSANGELES		COLOMBO	
PHUKET		MANILA	
PERTH		MELBOURNE	
PARIS		ROME	
ZURICH		HOUSTON	
SANFRANCISCO		WASHINGTON	
COPENHAGEN		TIANJIN	
PENANG		MANCHESTER	
VANCOUVER		TORONTO	
MILAN		BRUSSELS	
NAGOYA		CAIRO	
ATHENS		CHICAGO	

도시명	도시 코드	도시명	도시 코드
MUMBAI		CEBU	
DHAKA		OTTAWA	
JAKARTA		BAHRAIN	
ISTANBUL		MUNICH	
MADRIDE		MILAN	
ULAANBAAATAR		ST PETERSBURG	
MOSCOW		VLADIVISTOK	
PYONGYANG		TASHKENT	
SAKHALINSK		HOUSTON	
LAS VEGAS		MONTREAL	
KARACH		DELHI	
COLOMBO		TEL AVIV	
ALMATY		BEIRUT	
SIEM REAP		JAKARTA	

1. DECODE

- 도시, 공항, 항공사 코드 등을 풀어서 보여주는 것을 DECODE라 한다.

	지시어	기 능
1	DACPAR	도시 코드(PAR) 조회
2	DNSUSCA	주 코드(CA) 조회
3	DCFR	국가 코드(FR) 조회
4	DNAKE	항공사 코드(KE) 조회
5	DNA180	Numaric Code 조회(항공권 시작번호)
6	DNE744	비행기종 코드 조회
7	DNEBOEING	기종 조회

1) 도시 코드(City Code) 조회

DACPAR

1	DAC	Do A Code
2	PAR	조회하고자 하는 도시 code

```
> DACPAR
DACPAR
A:APT  B:BUS  C:CITY  G:GRD  H:HELI  O:OFF-PT  R:RAIL  S:ASSOC TOWN
①       ②       ③              ④
CITY :
  PAR C   PARIS                              /FR:FRANCE ⑤

AIRPORT-HELIPORT :
  BVA A   BEAUVAIS TILLE                     /FR        -  OK
  XCR A   CHALONS VATRY                      /FR        -  OK
  CDG A   CHARLES DE GAULLE                  /FR        -  OK
  LBG A   LE BOURGET                         /FR        -  OK
  ORY A   ORLY                               /FR        -  OK
  POX A   PONTOISE CORMEILLES                /FR        -  OK
  TNF A   TOUSSUS LE NOBLE                   /FR        -  OK
  VIY A   VILLACOUBLAY VELIZY                /FR        -  OK
  JDP H   ISSY LES MOULINEAUX HP             /FR        -  OK
  JPU H   LA DEFENSE HELIPORT                /FR        -  OK
RAIL-BUS STATION :
  XEX B   AEROGARE DES INV BUS               /FR        -  OK
  XTT B   ARC DE TRIOMPHE BUS ST             /FR        -  OK
  XGB B   MONTPARNASSE BUS STN               /FR        -  OK
  XHP R   GARE DE L'EST RAIL STN             /FR        -  OK
  XPG R   GARE DU NORD RAIL STN              /FR        -  OK
  XJY R   MASSY TGV RAIL STATION             /FR        -  OK
```

☞ 도시, 공항, 헬리콥터, 철도 등 PARIS의 모든 Data가 보여진다.

번 호	설 명	
①	A(Airport)	공항 코드
②	B(Bus)	버스정류장 코드
③	C(City)	도시 코드
④	H(Heliport)	헬피포트장 코드
⑤	FR/FRANCE	국가 코드/국가명

2) 주 코드(States Code) 조회

DNSUSCA

1	DNS	Don't Know State
2	USCA	조회하고자 하는 나라(US)와 주(CA) Code

```
> DNSUSCA
DNSUSCA
US CA CALIFORNIA/UNITED STATES OF AMERICA
```

3) 국가 코드(Nation Code) 조회

DCFR

1	DC	Do Code
2	FR	조회하고자 하는 국가 code

```
> DCFR
DCFR
FR    FRANCE/W EUROPE                    TC2
      CORSICA

EUR   EURO                               LOCAL/INTL PUBLISHED

FRA   FRANCE CITIZEN
FXX   FRANCE METROPOLITAN CITIZEN
ATF   FRENCH SOUTHERN TERRITORIES CITIZEN
```

☞ TC2 : IATA 항공지리상 Traffic Conference 2(Area 2)에 속함을 의미

4) 항공사 코드(Airline Code) 조회

DNAKE

1	DNA	Don't Know Airline
2	KE	조회하고자 하는 항공사 code

```
> DNAKE
DNAKE
KE/KAL 180 KOREAN AIR
```

☞ KAL : Korean Air의 3-Letter Code
180 : Numeric Code(항공권의 시작 첫 3자리 번호를 의미함)

5) NUMERIC CODE를 이용한 항공사 조회

DNA180

```
> DNA180
DNA180
KE/KAL 180 KOREAN AIR
```

6) 비행기종 코드(Aircraft Code) 조회

DNE744

1	DNE	Don't Know
2	E	Equipment 기종
3	744	조회하고자 하는 기종 번호

```
> DNE744
DNE744
744 W BOEING 747-400                              JET   362-569
```

7) 기종의 종류 조회

DNEBOEING

```
> DNEBOEING
DNEBOEING

703   N BOEING 707-320/320B/320C/330B              JET   150-160
707   N BOEING 707/720B                            JET   130-219
B72   N BOEING 720/720B (707-020/020B)             JET   126-140
721   N BOEING 727-100                             JET    92-119
72M   N BOEING 727-100 MIXED CONFIGURATION         JET    78-129
727   N BOEING 727-100/200/200 ADVANCED            JET    92-189
722   N BOEING 727-200                             JET   145-167
```

☞ Boeing기 종류가 모두 검색된다.

2. ENCODE

도시, 공항의 3-Letter code와 항공사의 2-Letter code을 보여주는 것을 ENCODE라 한다.

	지시어	기 능
1	DANCHICAGO	도시 코드(CHICAGO) 조회
2	DANCHICAGO/S	같은 이름으로 불리어지는 장소 조회
3	DANSEOUL/N	지정도시 인근의 10개 공항 조회
4	DCFRANCE	국가 코드(FRANCE) 조회
5	DNACATHAY PACIFIC	항공사 코드(CATHAY PACIFIC) 조회

1) 도시 코드(City Code) 조회

DANCHICAGO

1	DAN	Do A Name
2	CHICAGO	· 조회하고자 하는 도시명

```
> DANCHICAGO
DANCHICAGO
A:APT B:BUS C:CITY G:GRD H:HELI O:OFF-PT R:RAIL S:ASSOC TOWN
CHI C  CHICAGO                                   /USIL
    A  NOH - CHICAGO NAS              - OK       /USIL
    A  RFD - CHICAGO ROCKFORD         - OK       /USIL
    A  DPA - DUPAGE COUNTY            - OK       /USIL
    A  GYY - GARY INTERNATIONAL       - OK       /USIN
    A  CGX - MERRILL C MEIGS          - OK       /USIL
    A  MDW - MIDWAY                   - OK       /USIL
    A  ORD - O HARE INTERNATIONAL     - OK       /USIL
    A  PWK - PAL WAUKEE               - OK       /USIL
    R  ZUN - UNION RAILWAY STATION    - OK       /USIL
```

☞ 조회하고자 하는 도시 코드와 함께 그 도시에 속한 모든 Airport(공항)가 조회된다.

2) 도시의 일부 Spelling 입력 후 그 Spelling으로 시작하는 모든 도시 코드 조회

DANCHI*

1	DAN	Do A Name
2	CHI*	CHI로 시작하는 모든 도시 코드 조회 시

```
> DANCHI*

DANCHI*
A:APT B:BUS C:CITY G:GRD H:HELI O:OFF-PT R:RAIL S:ASSOC TOWN
CNX C  CHIANG MAI                                /TH
   A  CNX - CHIANG MAI INTL          - OK        /TH
CEI C  CHIANG RAI                                /TH
   A  CEI - MAE FAH LUANG INTL       - OK        /TH
ZDS C  CHIASSO                                   /CH
   R  ZDS - CHIASSO                  - OK        /CH
CYI C  CHIAYI                                    /TW
   A  CYI - CHIAYI                   - OK        /TW
QCB O  CHIBA                                     /JP
YMT C  CHIBOUGAMAU                               /CAQC
   A  YMT - CHIBOUGAMAU              - OK        /CAQC
CHI C  CHICAGO                                   /USIL
  A  NOH - CHICAGO NAS               - OK        /USIL
   A  RFD - CHICAGO ROCKFORD         - OK        /USIL
   A  DPA - DUPAGE COUNTY            - OK        /USIL
   A  GYY - GARY INTERNATIONAL       - OK        /USIN
   A  CGX - MERRILL C MEIGS          - OK        /USIL
   A  MDW - MIDWAY                   - OK        /USIL
   A  ORD - O HARE INTERNATIONAL     - OK        /USIL
```

☞ CHI로 시작하는 모든 도시 코드와 함께 그 도시에 속한 공항 코드도 조회된다.

3) 같은 이름으로 시작되는 모든 장소 조회

DANCHICAGO/S

```
> DANCHICAGO/S

DANCHICAGO/S
A:APT B:BUS C:CITY G:GRD H:HELI O:OFF-PT R:RAIL S:ASSOC TOWN
MDW S  CHICAGO HEIGHTS            - 38K SE        /USIL
ORD  S  CHICAGO HEIGHTS            - 72K SE        /USIL
ORD  S  CHICAGO MEDICAL SCH        -  0K NE        /USIL
ORD  S  CHICAGO OSTEOPATHIC        -  0K NE        /USIL
SMF  S  CHICAGO PARK               - 78K NE        /USCA
MDW S  CHICAGO RIDGE              - 14K SW        /USIL
ORD  S  CHICAGO RIDGE              - 43K SE        /USIL
MDW S  CHICAGO STATE U            - 17K SE        /USIL
CGX  S  CHICAGO STATE U            - 22K S         /USIL
ORD  S  CHICAGO STATE U            - 48K SE        /USIL
CGX  S  CHICAGO UNIV OF            - 11K S         /USIL
ORD  S  CHICAGO UNIV OF            - 40K SE        /USIL
MDW S  CHICAGO UNIVERSITY OF      - 14K E         /USIL
```

☞ CHICAGO로 시작되는 모든 장소가 조회된다.

4) 국가 코드(Nation Code) 조회

DCFRANCE

1	DC	Do Code
2	FRANCE	조회하고자 하는 국가명

```
> DCFRANCE

DCFRANCE
FR    FRANCE/W EUROPE              TC2
      CORSICA

EUR   EURO                         LOCAL/INTL PUBLISHED

FRA   FRANCE CITIZEN
FXX   FRANCE METROPOLITAN CITIZEN
ATF   FRENCH SOUTHERN TERRITORIES CITIZEN
```

☞ 국가 코드 조회 지시어는 Decode와 Encode가 동일하다.

5) 항공사 코드(Airline Code) 조회

DNACATHAY PACIFIC

1	DNA	Don't Know Airline
2	CATHAY PACIFIC	조회하고자 하는 항공사명

☞ 항공사 코드 조회 지시어는 Decode와 Encode가 동일하다.

```
> DNACATHAY PACIFIC

DNACATHAY PACIFIC
CX/CPA 160 CATHAY PACIFIC
```

6) 주 코드(States Code) 조회

DNSTEXAS

1	DNS	Don't Know
2	S	States 주
3	TEXAS	조회하고자 하는 주명

```
> DNSTEXAS

DNSTEXAS
US TX TEXAS/UNITED STATES OF AMERICA
```

〈참고〉 IATA(국제항공운송협회 : International Air Transport Association)

국제 민간 항공의 안전과 경제적인 발전을 도모하고, 동업자 간의 협력의 장을 제공하며, ICAO(국제민간항공기구 : International Civil Aviation Organization)(ICAO) 등의 국제기관과 연대 제휴할 것을 목적으로 1945년 캐나다 몬트리올에서 발족한 항공 운송 기업의 국제적 동업자 단체기구이다. IATA의 주요 기능은 항공운임의 결정, 결정된 운임 및 서비스의 조건, 운송절차, 대리점에 관한 규정 등 전 세계 IATA 항공사와 대리점에 대하여 구속력을 가지고 있으며 각국 정부는 이를 인정하고 있다. 또한 주요 업무로는 국제선 항공권 판매대금의 정산을 위한 BSP(Billing Settlement Plan) 및 국제선 항공화물운임 정산을 위한 CASS(Cargo Account Settlement Plan) 및 대리점 인가업무를 수행하고 있다.

연습문제

1. 다음 조건에 해당하는 조회 지시어를 쓰시오.

① 샌프란시스코(Sanfrancisco)의 도시(3-Letters) 코드 조회 지시어와 코드는?

② 핀에어(Finn Air)의 항공사 코드(2-Letters) 조회 지시어와 코드는?

③ 뉴욕(New York) 인근 공항조회 지시어는?

2. 다음 도시코드에 해당하는 도시명을 풀어쓰시오.

① LON -
② FRA -
③ BKK -
④ SFO -
⑤ NBO -
⑥ WAS -
⑦ CPH -
⑧ AKL -
⑨ ATH -

3. 1월부터 12월까지의 Monthly Code를 쓰시오.

1월	
2월	
3월	
4월	
5월	
6월	
7월	
8월	
9월	
10월	
11월	
12월	

4. 다음 기술된 도시 코드 중 유럽에 속하지 않는 도시는?

① PAR ② MIL ③ ROM ④ FRA ⑤ ULN

제 4 장

예약가능편(AVAILABILITY) 조회

1. 예약가능편(Availability) 조회

1) 특징

- 항공기의 좌석예약이 가능한지를 알아볼 수 있는 기능이다.
- 항공편의 출 도착시간, 좌석가능상태 등을 알 수 있다.
- 당일로부터 331일까지 조회가 가능하다.

	지시어	기 능
1	AN01SEPHNLSEL	기본지시어/출발날짜/출발도시/도착도시
2	AN15MARSELBKK*20MAR	왕복 여정에 대한 예약가능편 조회
3	AN30SEPSELON/AKE	항공사지정 예약가능편 조회
4	AN30SEPSELJNB/XHKG	중간연결지점 지정 조회

가. 기본 예약가능편(Neutral Availability) 조회(HE AN)

AN01SEPHNLSEL

1	AN	예약가능편 조회 기본지시어
2	01SEP	출발날짜
3	SELLAX	출발도시 코드/도착도시 코드

```
** AMADEUS AVAILABILITY - AN ** SEL SEOUL.KR   322 MO 01SEP 0000
                                                           ①
1 KE 052     P6 A6 J9 C9 D9 I9 Z9 /HNL M ICN   1020 1555+1E0/333   10:35
             O9 Y9 B9 M9 H9 E9 K9 Q9 T9 GR X9
2 KE:DL7864 F4 J7 C7 D7 I7 Z7 Y7  HNL M ICN   1020 1555+1E0/333   10:35
   ②            B7 M7 S7 H7 Q7 K7 L7 U7 T7③
3 OZ:US5103C7 D7 Z7 Y7 B7 M7 H7 /HNL M ICN 1100 1740+1E0/333   11:40
             Q7 N7 V7 W7 L7 S7 T7 G7 K7 U7 E7        ④
4 OZ 231     C9 D9 Z9 U9 I9 R9 Y9 /HNL M ICN   1100 1740+1E0/333   11:40
             B9 M9 H9 E9 Q9 K9 S9 V9 L9 W9 T9 G9 X9 N9     ⑤
5 HA 459     F4 J4 P4 C4 A4 D4 Y4  HNL Z ICN   1115 1635+1E0.763   10:20
             W4 X4 Q4 V4 B4 S4 M4 I4 H4 K4 L4 Z4 O4 G4 R4 E U4 T4 ⑥
6 HA:KE7896J9 C9 Y9 B9 M9 H9 E9 /HNL Z ICN   1115 1635+1E0/763 TR 10:20
             K9 Q9 T9
7 KE 054     P9 A9 J9 C9 D9 I9 Z9 /HNL M ICN   1210 1720+1E0/744   10:10
             O9 Y9 B9 M9 H9 E9 K9 Q9 T9 GR X9
8 :HA6020    J4 Y4 W4 Q4 M4   HNL M ICN        1210 1720+1E0.744   10:10
```

①	출발날짜와 기준시간
②	공동운항편(Code Share Fligt) 표시, 항공사 코드와 편명 KE-Operating carrier, DL-Marketing carrier
③	Booking Class와 가능 좌석 수
④	출발시간 및 도착시간 각각 현지시간을 나타냄 (1740+1은 출발일 다음날 도착을 의미)
⑤	E-Ticket 발권 가능 표시, 도중체류 횟수, Access Indicator, 기종
⑥	비행시간

나. 왕복 여정에 대한 예약가능편 조회 지시어

```
AN15MARSELBKK*20MAR
```

1	AN	예약가능편 조회 기본지시어
2	15MAR	출발날짜
3	SELBKK	출발도시 코드/도착도시 코드
4	*	돌아오는 여정 연결부호
5	20MAR	돌아오는 날짜

```
> AN15MARSELBKK*20MAR

AN15MARSELBKK*20MAR
** AMADEUS AVAILABILITY - AN ** BKK BANGKOK.TH      251 SA 15MAR 0000
 1 KE 657    P6 A6 J9 C9 D9 I9 Z9     /ICN  BKK 0735  1150   E0/773 6:15
             Y9 B9 M9 H9 E9 K9 Q9 T9 G9
 2 TG:OZ6761       C9 Y9 B9 M9 H9     /ICN  BKK 0935  1330   E0/773 5:55
 3 TG 659    C9 D2 J2 Z2 Y9 B9 M9     /ICN  BKK 0935  1330   E0/773 5:55
             H9 Q9 T9 K9 S9 V7 W4
 4 KE 651    P6 A6 J9 C9 D9 I9 Z9     /ICN  BKK 1715  2105   E0/773 5:50
             Y9 B9 M9 H9 E9 K9 Q9 T9 G9
 5 LJ 001    W9 Y9 E9 H9 K9 N5 S9     /ICN  BKK 1720  2120   E0/738 6:00
             L9 Q5 V9 GL TL B5 M5 X5 I9 P9 U9

** AMADEUS AVAILABILITY - AN ** SEL SEOUL.KR        256 TH 20MAR 0000
11 KE 654    P6 A6 J9 C9 D9 I9 Z9     /BKK  ICN 0015     0720E0/773 5:05
             Y9 B9 M9 H9 E9 K9 Q9 T9 G9
12 TG 692    C9 D2 J2 Z2 Y9 B9 M9     /BKK  ICN 0715  1440   E0/773 5:25
             H9 Q9 T9 K9 S9 V7 W4
13 KE 658    P6 A6 J9 C9 D9 I9 Z9     /BKK  ICN 1305  2030   E0/773 5:25
             Y9 B9 M9 H9 E9 K9 Q9 T9 G9
14 LJ 002    W9 Y9 E9 H9 K9 N5 S9     /BKK  ICN 2235  0600+1E0/738 5:25
             L9 Q5 V9 GL TL B5 M5 X5 I9 P9 U9
```

☞ 1~5번까지의 가는 여정의 예약가능편과 11~14번까지의 돌아오는 여정의 예약가능편 상태를 조회할 수 있다.

〈AVAILABILITY 조회 순서〉

① NON STOP : 출/도착 도시에 Stop Point가 없는 비행편을 의미

② Direct Flight : 출/도착 동일 Flight no 및 기종으로 운항되며 1번 이상의 Stop Point가 있는 비행편을 의미

③ Connecting Flight : 출/도착 Flight no 및 기종이 변경되어 운항되며, 1번 이상의 Stop Point가 있는 비행편을 의미

④ Change of Equipment : 출/도착 Flight no는 동일하나, 기종 변경 운항되며 1번 이상의 Stop Point가 있는 비행편을 의미

다. 서로 다른 두 구간의 예약가능편 조회 지시어

AN01MARSELBKK*20MARBKKSIN

```
> AN01MARSELBKK*BKKSIN

AN01MARSELBKK*BKKSIN
** AMADEUS AVAILABILITY - AN ** BKK BANGKOK.TH     137 SA 01MAR 0000
 1 KE 657    PL AL J9 C9 D9 I9 Z9   /ICN   BKK   0900  1300  E0/773  6:00
             O9 Y1 B1 M1 H1 E1 K1 Q1 T1 GR X1
 2 TG:OZ6761 C9 Y9 B9 M9 H9         /ICN   BKK   0935  1330  E0/773  5:55
 3 TG 659    C9 D2 J2 Z2 R2 Y9 B9   /ICN   BKK   0935  1330  E0/773  5:55
             M9 H9 Q9 T9 K9 S9 V7 W4 N2
 4 KE 651    P9 A9 J9 C9 D9 I9 Z9   /ICN   BKK   1715  2105  E0/744  5:50
             O9 Y9 B9 M9 H9 E9 K9 Q9 T9 GR X9
 5 LJ 001    W9 Y9 E9 H9 K9 N5 S9   /ICN   BKK   1725  2135  E0/738  6:10
   L9 Q5 V9 GL TL B4 X5 U9

** AMADEUS AVAILABILITY - AN ** SIN SINGAPORE.SG   137 SA 01MAR 0000
11 FD2941    YA HA KA MA QA TA UA DMK 1 SIN 1 0620  0940 T0-320  2:20
             LA PA VA AA IA ZA
12 FD2939    Y9     DMK 1 SIN 1      0700      1025    T0-320      2:25
13 TG 403    C9 D2 J2 Z2 R2 Y9 B9 /BKK   SIN 1  0800  1115  E0/773  2:15
             M9 H9 Q9 T9 K9 S9 V7 W4 N2
14 2B 973    C4 J4 S4 Y4 B4 E  M4  BKK   SIN    0940  1305  E0/772  2:25
             H4 W4 Q4 N4 V4 T4 U4 G4 L4 K4 X4
15   SQ 973 Z9 C9 J9 D8 S9 Y9 B9 /BKK    SIN    0945  1315  E0/333  2:30
             E9 M9 H9 W9 Q9 N9 LL KL
```

☞ 위와 같이 서로 다른 두 구간의 예약가능편을 조회할 수 있다.

라. 선호하는 항공사 지정 예약가능편 조회 지시어

ANCX15OCTSELHKG

```
> ANCX15OCTSELHKG

ANCX15OCTSELHKG
** CATHAY PACIFIC - AN ** HKG HONG KONG.HK  00 TU 15OCT 0000
 1 CX 421  J9 C9 D9 I9 Y9 B9 H9 /ICN HKG 1 0925 1345  E1/773 5:20
              K9 M9 L9 V9 S9 N9 Q9 OL
 2 CX4105  J9 C9 D9 I9 Y9 B9 H9 /ICN  HKG 1  0925 1345 E1/773 5:20
           K9 M9 L9 V9 S9 N9 Q9 O9
 3 CX4106  J9 C9 D9 I9 Y9 B9 H9 /ICN  HKG 1  0925 1345 E1/773 5:20
              K9 M9 L9 V9 S9 N9 Q9 O9
 4 CX4108  J9 C9 D9 I9 Y9 B9 H9 /ICN  HKG 1 0925 1345 E1/773 5:20
           K9 M9 L9 V9 S9 N9 Q9 O9
 5 CX4109  J9 C9 D9 I9 Y9 B9 H9 /ICN  HKG 1 0925 1345 E1/773  5:20
              K9 M9 L9 V9 S9 N9 Q9 O9
 6 CX4110  J9 C9 D9 I9 Y9 B9 H9 /ICN HKG 1 0925  1345 E1/773 5:20
              K9 M9 L9 V9 S9 N9 Q9 O9
 7 CX4107  J9 C9 D9 I9 Y9 B9 H9 /ICN HKG 1 0925 1345 E1/773 5:20
              K9 M9 L9 V9 S9 N9 Q9 O9
 8 CX 415  J9 C9 D9 I9 Y9 B9 H9 /ICN HKG 1 0850 1130 E0/333  3:40
              K9 M9 L9 V9 S9 N9 Q9 OL
 9 CX 417  F9 A9 J9 C9 D9 I9 Y9 /ICN  HKG 1 1020 1300 E0/744  3:40
              B9 H9 K9 M9 L9 V9 S9 N9 Q9 OL
10 CX 439  J9 C9 D9 I9 Y9 B9 H9 /ICN  HKG 1 1335 1610 E0/333  3:35
              K9 M9 L9 V9 S9 N9 Q9 OL
```

☞ 동 구간에 한하여 CX 항공사가 원하는 항공사만 조회된다(CX와 CX 제휴항공사만 조회된다).

마. 도착도시 지정 예약가능편 조회

ANNYC

```
> ANNYC

ANNYC
** AMADEUS AVAILABILITY - AN ** NYC NEW YORK.USNY 0 SU 11AUG 2025
1 KE:DL7853 F  J  C  D  I  Z  Y   ICN  JFK 1  1930  2040  E0/77W  14:10
            B  M  S  H  Q  K  L  U  T
2 KE 085    R  A  J  C  D  I  Z  /ICN  JFK 1  1930  2040  E0/77W  14:10
            Y  B  M  H  E  K  Q  T  G
3 OE 011    R  P  F  A  J  C  D  /ICN  LAX B  2000  1425  0/333
            I  Z  O  Y  W  B  M  H  E  K  Q  T  G  X
  UA 477    F9 J9 C9 A9 D9 Z9 P9 /LAX 7 EWR C 1654 0119+1E0/752 N  18:19
            Y9 B9 M9 E9 U9 HL QL VL WL SL T9 L9 K9 G9 N9
4 KE 085    R  A  J  C  D  I  Z  /ICN  JFK 1  1930 2040  E0/77W
            Y  B  M  H  E  K  Q  T  G
  XL9838    Y9 B9 H9 K9 M9 L9 V9 /JFK  ZRP  2358  0115+1 1/BUS  18:45
            S9 N9 Q9 O9 G9 X9
5 OZ 204    J  D  Z  U  Y  B  M  /ICN  LAX B  2020  1550  E0/77L
            H  E  Q  K  S  V  L  W  T  G
  B6 524   Y9 E7 K7 H7 Q7 B0 L0  LAX 3 JFK 5 2042 0454+1E0.320 7  21:34
            W0
6 OZ 204    J  D  Z  U  Y  B  M  /ICN  LAX B  2020  1550  E0/77L
            H  E  Q  K  S  V  L  W  T  G
  UA 775    F6 J6 C4 A4 D4 Z3 P2 /LAX 7 EWR C  2045 0509+1E0/319 N 21:49
            Y9 B9 M7 E6 U6 HL QL VL WL SL T9 L9 K9 G9 N9
```

☞ 시스템이 속한 도시를 출발지로 조회 당일을 출발일로 도착도시 지정조회 예약가능편 조회되며 응답화면 중 3~6번은 연결편(Connection Flight)을 의미한다.

바. 항공사 지정 조회 지시어

```
AN30SEPSELLON/AKE
```

```
> AN30SEPSELLON/AKE

AN30SEPSELLON/AKE
** AMADEUS AVAILABILITY - AN ** LON LONDON.GB 85 MO 30SEP 0000
1 KE 907   R8 A8 J9 C9 D9 I9 Z9 /ICN LHR 4  1315 1725  E0/77W 12:10
           Y9 B9 M9 H9 E9 K9 Q9 T9 G9
```

☞ 지정된 항공사 "KE"에 대한 예약가능편만이 조회된다.

사. 기타 선택사항 지정 조회 지시어

	지시어	기 능
1	AN30SEPSELBKK/A-KE	KE 제외한 항공편 조회
2	AN30SEPSELBKK/A+KE	공동운항편(Code Share Flight) 제외한 KE 운항편만 조회
3	AN*O30SEPSELBKK	Oneworld 항공편만 조회
4	AN*S20SEPSELBKK	Skypass 항공편만 조회
5	AN*A30SEPSELBKK	Star Alliance 항공편만 조회
6	AN30SEPSELBKK0900	예약가능편 기준시 지정(0900)
7	AN30SEPSELJNB/XHKG	중간연결지점 지정 조회 예: SEL-JNB갈 경우 HKG 지정 연결 가능편 조회
8	AN30SEPSELLON/CF	특정 Booking Class "F" 지정 조회

아. 모든 조건 지정 예약가능편 조회 지시어

AN30SEPSELBKK/CE/AKE*15OCT

1	AN30SEPSELBKK	예약가능편 조회 지시어/출발날짜/출발지/도착지
2	/CE	Booking Class "H" 지정
3	/AKE	탑승 항공사 "KE" 지정
4	*	구분 Key
5	15OCT	되돌아오는 여정의 출발날짜

```
> AN30SEPSELBKK/CE/AKE*15OCT

AN30SEPSELBKK/CE/AKE*15OCTBKKSEL/CE/AKE
** AMADEUS AVAILABILITY - AN ** BKK BANGKOK.TH 85 MO 30SEP 0000

1  KE 651  E9   /ICN  BKK   1740   2110  E0/744     5:30
2  KE 653  E9   /ICN  BKK   1840   2210  E0/773     5:30
3  KE 659  E9   /ICN  BKK   2020   0005+1E0/333     5:45

** AMADEUS AVAILABILITY - AN ** SEL SEOUL.KR 100 TU 15OCT 0000
11 KE 660  E9   /BKK  ICN   0135   0905  E0/333     5:30
12 KE 652  E9   /BKK  ICN   2240   0600+1E0/744     5:20
13 KE 654  E9   /BKK  ICN   2345   0705+1E0/773     5:20
```

2) 간편 지시어

기본 예약가능편 조회 후 간편 지시어를 통해 원하는 응답화면을 볼 수 있다.

```
> AN15OCTSELNYC/AKE

AN15OCTSELNYC/AKE
** AMADEUS AVAILABILITY - AN ** NYC NEW YORK.USNY  100 TU 15OCT 0000
1 KE 081     R9 A9 J9 C9 D9 I9 Z9 /ICN  JFK 1  1020  1120 E0/388  14:00
             Y9 B9 M9 H9 E9 K9 Q9 T9 G9
2 KE 085     R8 A8 J9 C9 D9 I9 Z9 /ICN  JFK 1  1930  2040 E0/77W 14:10
             Y9 B9 M9 H9 E9 K9 Q9 T9 G9
3 KE 037     R8 A8 J9 C9 D9 I9 Z9 /ICN  ORD 5 1140  1010 E0/77W
             Y9 B9 M9 H9 E9 K9 Q9 T9 G9
  DL:KE7240 F9 Y9 B9 M9 H9 E9 K9 /ORD 2 JFK 2 1510 1842 E0/CR9 TR 20:02
             Q9 T9
4 KE 035     R8 A8 J9 C9 D9 I9 Z9 /ICN  ATL I 1030 1045 E0/77W
             Y9 B9 M9 H9 E9 K9 Q9 T9 G9
  DL:KE7236 C9 Y9 B9 M9 H9 E9 K9 /ATL S JFK 4 1700 1925 E0/M88 TR 21:55
             Q9 T9
```

▼

지시어	내 용
MPAN	Move Previous AN(최근 조회한 예약가능편의 응답화면 조회)
MDAN	Move Up AN(바로 전 Page의 응답화면 조회)
MTAN	Move Top AN(가장 처음 Page의 응답화면 조회)
MBAN	Move Bottom AN(가장 마지막 Page의 응답화면 조회)
MOAN	Move Origin Availibility 조회(최초로 조회한 응답화면 조회)
MN	조회되어 있는 응답화면의 다음 날짜로 조회
MY	조회되어 있는 응답화면의 하루 전 날짜로 조회
AC1	조회되어 있는 예약가능편의 다음 날짜로 조회
AC-1	조회되어 잇는 예약가능편의 하루 전 날짜로 조회
AC*	되돌아오는 여정의 조회된 화면 중 첫 페이지만 하루 뒤로 조회
AC*1	되돌아오는 여정의 조회된 화면 중 두 번째 페이지만 하루 뒤로 조회
AC20FEB	출발날짜 변경 예약가능편 조회
ACR	현재조회된 예약가능편 화면의 복편 구간 예약가능편 조회
AC/ATG	현재조회된 예약가능편 화면의 항공사를 “TG”로 지정 조회

2. 스케줄 TIME TABLE

특정 구간을 운항하는 비행편의 운항요일 및 유효기간 등의 정보를 조회할 수 있는 기능으로 조회 지정일로부터 7일간의 범위 내에 반영된 비행스케줄 조회가 가능하다.

	지시어	기 능
1	SN01APRSELPAR	Schedule 조회
2	TN01MAYSELFRA	7일간의 구간 Timetable 조회
3	DDLAX	Local Time 및 시차 조회
4	DOKE905/01APR	비행정보 조회
5	DMICN	최소연결시간(MCT) 조회

1) TIME TABLE 조회 지시어

TN30SEPSELBKK

1	TN	Timetable 기본지시어(7일간 범위)
2	30SEP	출발일
3	SELBKK	출발지/도착지

```
> TN30SEPSELBKK

TN30SEPSELBKK
** AMADEUS TIMETABLE - TN ** BKK BANGKOK.TH          30SEP13 07OCT13
 1 TG 659     D    ICN  BKK  0935  1325    0 24JUN13  26OCT13 773  5:50
 2 TG:OZ6761  D    ICN  BKK  0935  1325    0 24JUN13  26OCT13 773  5:50
 3 LJ 001     D    ICN  BKK  1720  2120    0 01JUL13          738  6:00
 4 KE 651     D    ICN  BKK  1740  2110    0 10SEP13  26OCT13 744  5:30
 5 OZ:TG6727  157  ICN  BKK  1830  2205    0 06SEP13  25OCT13 77L  5:35
 6 OZ:AC6996  D    ICN  BKK  1830  2205    0 04SEP13  22OCT13 777  5:35
 7 OZ:TG6727  2346 ICN  BKK  1830  2205    0 29AUG13  26OCT13 772  5:35
 8 OZ 741     2346 ICN  BKK  1830  2205    0 03SEP13  17OCT13 772  5:35
 9 OZ 741     157  ICN  BKK  1830  2205    0 02SEP13  25OCT13 77L  5:35
10 KE 653     D    ICN  BKK  1840  2210    0 12JUN13  26OCT13 773  5:30
11 TG 693     1357 ICN  BKK  1955  2340    0 01APR13  27OCT13 773  5:45
12 KE 659     D    ICN  BKK  2020  0005+1  0 12SEP13  26OCT13 333  5:45
```

☞ 30SEP13 07OCT13 : 요청일(9월30일)로부터 7일간의 날짜범위
D : Daily 매일 운항
2346 : 화, 수, 목, 토 운항(월1 화2 수3 목4 금5 토6 일7)
X6 : 토 제외 운항

2) SCHEDULE 조회

SN30SEPSELBKK

1	SN	Schedule 조회 기본지시어(하루 범위)
2	30SEP	출발일
3	SELBKK	출발지/도착지

```
> SN30SEPSELBKK

SN30SEPSELBKK
** AMADEUS SCHEDULES - SN ** BKK BANGKOK.TH      85 MO 30SEP 0000
 1 TG 659      C9 D2 J2 Z2 Y9 B9 M9 /ICN  BKK  0935  1325  E0/773 5:50
               H9 Q9 T9 K9 S9 V7 W4
 2 TG:OZ6761   C9 Y9 B9 M9 H9       /ICN  BKK  0935  1325  E0/773 5:50
 3 LJ 001      W9 Y9 E9 H9 K9 N5 S9 /ICN  BKK  1720  2120  E0/738 6:00
               L9 Q9 V9 GL TL B5 M2 X5 I9 P9 OS U9
 4 KE 651      P9 A9 J9 C9 D9 I9 Z9 /ICN  BKK  1740  2110  E0/744 5:30
               Y9 B9 M9 H9 E9 K9 Q9 T9 G9
 5 OZ 741      C9 D9 Z9 U9 Y9 B9 M9 /ICN  BKK  1830  2205  E0/77L 5:35
               H9 E9 Q9 K9 S9 V9 L9 W9 T9 G9
 6 OZ:AC6996   J4 C4 Z4 Y4 B4 M4 H4 /ICN  BKK  1830  2205  E0/777 5:35
               Q4 V4 W4 S4 L4
 7 KE 653      P6 A6 J9 C9 D9 I9 Z9 /ICN  BKK  1840  2210  E0/773 5:30
               Y9 B9 M9 H9 E9 K9 Q9 T9 G9
 8 TG 693      C9 D2 J2 Z2 Y9 B9 M9 /ICN  BKK  1955  2340  E0/773 5:45
               H9 Q9 T9 K9 S9 V7 W4
 9 KE 659      P6 A6 J9 C9 D9 I9 Z9 /ICN  BKK  2020  0005+1E0/333 5:45
               Y9 B9 M9 H9 E9 K9 Q9 T9 G9
10 TG 657      C9 D2 J2 Z2 Y9 B9 M9 /ICN  BKK  2120  0110+1E0/777 5:50
               H9 Q9 T9 K9 S9 V7 W4
11 TG:OZ6763   C9 Y9 B9 M9 H9       /ICN  BKK  2120  0110+1E0/777 5:50
```

☞ AN(예약가능편) 조회 화면과 거의 유사하나 SN 화면은 AN 화면에서 보여지지 않은 Booking Class도 조회된다.

3) 간편 지시어

지시어	내 용
ACSN	스케줄 화면으로 바로 전환
ACAN	예약가능편 화면으로 바로 전환
TCAN	Timetable 조회 후 바로 예약하고자 할 경우 예약가능편 화면으로 전환
MN	Move Next(다음날 조회/ AN, SN 화면에서 모두 사용 가능)
MY	Move Yesterday(전날 조회/ AN, SN 화면에서 모두 사용 가능)

4) TIME AND DATE 조회

가. 현지시간(LOCAL TIME) 및 도시 간 시차(TIME DIFFERENCE) 조회

```
DDLAX
```

```
> DDLAX

DDLAX
LAX TIME IS 0459/ 459A ON SUN07JUL13
LAX IS 16HRS 00MIN EARLIER
```

☞ LAX의 현지시간과 함께 SEL(시스템이 속한 도시)과의 시차도 같이 조회됨

나. 특정 시간 및 도시 지정

```
DDSEL1200/SIN
```

```
> DDSEL1200/SIN

DDSEL1200/SIN
SIN TIME IS 1100/1100A ON SUN07JUL13
SIN IS 01HRS 00MIN EARLIER
```

☞ SEL이 1200일 경우 SIN은 1100로 SEL과 SIN 간의 시차도 같이 조회됨

5) 비행정보 조회 지시어

```
DOKE905/01APR
```

```
> DOKE905/01APR

DOKE905/01APR

* 1A PLANNED FLIGHT INFO *                KE 905   168 TU 01APR

APT ARR   DY DEP   DY CLASS/MEAL          EQP  GRND  EFT   TTL
①  ②         ③                                        ④     ⑤
ICN             1315  TU RPFAJCDIZOY/LD    388              11:30
                         BMHEKQTGX/LD
FRA 1745  TU                                                11:30

COMMENTS-
 1.ICN FRA   - ARRIVES TERMINAL 2

 2.ICN FRA   - MCT FLIGHT TRACKING I/I
 3.ICN FRA   -   7/ DUTY FREE SALES
 4.ICN FRA   -  12/ IN-SEAT POWER SOURCE

 5.ICN FRA   -  15/ IN-SEAT VIDEO PLAYER/LIBRARY
 6.ICN FRA   -  ET/ ELECTRONIC TKT CANDIDATE

CONFIGURATION- 388   F   12    C   94    Y 301
```

①	APT	Airport 공항 코드
②	ARR	Arrival 도착시간
③	DEP	Departure 출발시간
④	EFT	Elepsed Flying Time 실제 비행시간
⑤	TTL	Total Time(총 비행시간)으로 Ground Stay Time까지를 포함한다.

6) MCT(Minimum Connecting Time) 조회

```
DMICN
```

```
> DMICN

DMICN/07JUL13
ICN  STANDARD MINIMUM CONNECTING TIMES
ICN-GMP        FROM          -          TO             D/D D/I I/D I/I
CC FLTN-FLTR ORGN EQPTM-CC FLTN-FLTR DEST EQPTM HMM HMM HMM HMM
                              -                240 400 240 400

ICN-ICN        FROM          -          TO             D/D D/I I/D I/I
CC FLTN-FLTR ORGN EQPTM-CC FLTN-FLTR DEST EQPTM HMM HMM HMM HMM
                              -          040 140 140 110
CK SPECIFIC CARRIER FOR EXCEPTIONS TO STANDARD CONNECTING TIMES
PRECLEARANCE MAY APPLY
```

☞ 특정 공항(ICN)의 전체 MCT Table이 조회됨
D/D : Domestic/Domestic(국내선/국내선)
D/I : Domestic/Interline(국내선/국제선)

〈추가 조회 기능〉

지시어	내 용
DMJFK-EWR	공항 지정
DMDL/JFK/15DEC13	항공사/공항/날짜 지정
DMI	PNR(예약)이 있는 경우 전체 여정에 대한 MCT 조회
DM2/4	PNR(예약)상의 2번과 4번 여정의 MCT 조회

연습문제

1. 다음 조건에 맞는 가장 간단한 지시어를 쓰시오.

〈조건〉

일정 : 서울 - 파리, 12월 1일, KE 파리 - 서울, 3월 1일, KE

2. 다음은 응답화면을 설명한 내용이다, 틀리게 기술된 것은 어느 것인가?

```
1 TG:OZ6761 C9 Y9 B9 M9 H9          /ICN BKK 0935 1325 E0/773 5:50
2 TG 659    C9 D2 J2 Z2 Y9 B9 M9    /ICN BKK 0935 1325 E0/773 5:50
            H9 Q9 T9 K9 S9 V7 W4
3 LJ 001    W9 Y9 E9 H9 K8 N3 S9    /ICN BKK 1720 2120 E0/738 6:00
            L6 QL V9 GL TL B1 X5 I9 P9 U9
4 KE 651    P9 A9 J9 C9 D9 I9 Z9    /ICN BKK 1740 2110 E0/744 5:30
            Y9 B9 M9 H9 E9 K9 Q9 T9 G9
```

① TG6761편은 OZ과 공동 운항하는 공동운항편이다.

② KE651편의 도착시간은 5시30분이다.

③ Y9는 예약이 가능한 BOOKING CLASS이다.

④ LJ001편은 직항편이다.

3. 다음은 응답화면을 설명한 내용이다, 틀리게 기술된 것은 어느 것인가?

```
* AVAILABILITY - AN ** SEL SEOUL.KR 255 MO 10MAR 0000
1 KE 002      P6 A6 J9 C9 D9 I9 Z9 /HNL M ICN 1110 1945+1E1/333 13:35
              O9 Y9 B9 M9 H9 E9 K9 Q9 T9 GR X9
2 HA:KE7896 C9 Y9 B9 M9 H9 E9 K9 /HNL Z ICN 1115 1635+1E0/763 TR 10:20
3 HA 449      J0 P4 C0 A0 D0 Y0 W0 HNL Z KIX 1 1405 1815+1E0.332
              X0 Q0 V0 B0 S0 N0 M0 I0 H0 G0 T0 K0 L0 Z0 O0
  KE2728      P9 A9 J9 C9 D9 I9 Z9 /KIX 1 GMP I 1955+1 2145+1E0/744 12:40
              O9 Y9 B9 M9 H9 E9 K9 Q9 T9 GR X9
4 UA 879      F3 A3 J9 C9 D9 Z9 P9 /HNL M NRT 1 1140 1530+1E0/777
              Y9 B9 M9 E9 U9 H9 Q9 V9 W9 S9 T9 L9 G0 N0
  KE:JL5207 J9 C9 D9 I9 X9 Y9 B9 /NRT 1 ICN 1700+1 1925+1E0/73H 12:45
              H9 K9 M9 V9 S9 N9 Q9
```

① 1번 KE 002편을 탑승하는 경우 중간 경유지가 1군데 있다.
② 2번 스케줄로 예약하는 경우 실제 탑승 항공사는 HA 항공이다.
③ 3번 스케줄을 예약하는 경우 서울에 도착하게 되는 날짜는 3월 11일이다.
④ 4번 스케줄로 예약하게 되면 서울까지 도착하는 데 총 12시간 45분이 소요된다.

4. 12월 1일 기준 서울에서 비엔나의 대한항공 운항요일을 쓰시오.

5. 8월 20일 출발하는 서울 – 프랑크푸르트 KE905편의 비행시간을 쓰시오.

6. 서울과 뉴욕의 시차(Time Deference)를 쓰시오.

제 5 장

예약 기록(PNR)의 필수입력 사항 작성

◆ PNR이란?

Passenger Name Record의 약자로 승객의 항공 여정, 호텔, 렌터카 등의 부대 서비스 예약 등을 요청한 승객의 정보가 저장되어 있는 여객 예약 기록을 말한다.

◆ PNR의 구성 요소

- PNR은 성명, 여정, 전화번호 등 여러 부분으로 이루어져 있다. 이러한 각 부분별로 정해진 형식에 따라 작성하여야 한다.
- PNR의 필수입력 사항은 전화번호(Phone), 의뢰자(Received from), 여정(Itinerary), 이름(Name), 발권구입시한(Ticket arrangement)이다.
- 이 사항을 합하여 PRINT라 칭하며 이 5가지 항목(Element)을 입력하여야만 PNR이 완성된다.

<table>
<tr><th>항 목</th><th></th><th>용 도</th><th>입력 지시어</th></tr>
<tr><td>Phone</td><td rowspan="5">필수입력항목</td><td>전화번호</td><td>APM-010-123-3000</td></tr>
<tr><td>Received from</td><td>예약 작성자, 의뢰자</td><td>RFPAX</td></tr>
<tr><td>Itinerary</td><td>항공여정</td><td>AN01SEPSELBKK/AKE
SS1M2
AN30SEPBKKSEL/AKE
SS1M3</td></tr>
<tr><td>Name</td><td>승객의 성명 및 Title</td><td>NM1JUNG/HOJIN MS</td></tr>
<tr><td>Ticket arrangement</td><td>항공권 발권시한 등</td><td>TKTL04JUL
TKXL04JUL
TKOK</td></tr>
<tr><td>OS</td><td rowspan="3">선택</td><td>항공사 전송 기타 정보입력</td><td>OS KE VIP CEO OF 1A</td></tr>
<tr><td>SR</td><td>여정관련 특별서비스 요청 입력(Meal 등)</td><td>SRVGML</td></tr>
<tr><td>RM</td><td>기타 입력 사항</td><td>RM PAX NEED A VISA</td></tr>
</table>

◆ TOPAS SELL CONNECT PNR의 특징

① 모든 항목은 수정이 쉽도록 순서대로 번호가 부여된다.

② 모든 이름은 입력 순서와 상관없이 알파벳 순서대로 배열된다.

③ Milti Name은 동일한 Family Name을 가진 승객이더라도 각각 나타난다.

④ 마지막 여정의 출발일 이후 3일간 조회가 가능하다.

⑤ 과거 3년까지 PNR 조회가 가능하다.

⑥ 한 PNR에 최대 999항목 입력이 가능하다.

1. NAME ELEMENT(성명)(HE NM)

1) 특징

• 승객의 여권상의 이름과 동일하게 입력하며 성(Last Name)과 이름(First Name)을 구분하며 남녀를 구분해 주는 성별(Title)을 입력한다.

- 여권상의 Name Spelling을 기준으로 입력한다.
- 외국인/내국인에 상관없이 성(Last Name)을 먼저 기입한다.
- 소아(CHILD)와 유아(INFANT)의 경우는 생년월일을 성명과 함께 입력하여야 한다.
- 유아(INFANT)의 성명은 성인보호자와 함께 입력한다.
- KE인 경우 Title 입력이 필수이나 그 외 타 항공사는 Title 없이도 이름 입력이 가능하다.

	지시어	기 능
1	NM1HAN/JIYOOUNMS	성인 이름 입력
2	NM1HAN/KYUNGTAEMR1PARK/ JIYOONMS	2명의 성인 이름 입력
3	NM1JUNG/JIYOUNGMSTR(CHD/ 01MAY09)	소아 이름 및 생년월일 입력
4	NM1LEE/JUNGHYUN MR(INF/HYEYOON MISS/30JUN12)	보호자에게 유아의 이름 및 생년월일 입력(보호자와 성이 같을 경우)
5	1/(INFKIM/HANEULMISS/30JUN12)	1번 뒤에 유아 이름 입력(보호자와 성이 다른 경우)
6	1/	유아 이름 삭제

2) 승객의 유형 및 TITLE

구분	성인(ADULT)	소아(CHILD)	유아(INFANT)
분류 기준 (출발일 기준)	만 12세 이상~	만 2세 이상~ 만 12세 미만	생후 14일 이상~ 만 24개월 미만
Title	MR / MS / MRS	MISS(여아)/ MSTR(남아)	MISS(여아)/ MSTR(남아)
	PROF(Professor) : 교수 DR(Doctor) : 박사 또는 의사 CAPT(Captain) : 기장 또는 선장 REV(Reverend) : 성직자		

3) 성인(Adult : 만 12세 이상~) 승객 입력

가. 기본 형태

```
NM1HONG / GILDONG MR
```

1	NM	이름 입력 기본지시어
2	1	승객 수
3	HONG/GILDONG MR	성(Last Name)/이름(First Name) 성별(Title)

```
> NM1HONG/GILDONGMR

RP/SELK13UA3/
  1.HONG/GILDONGMR
```

나. 동일 성을 가진 승객성명 동시 입력

```
NM2JUNG/HOJINMS/HOSUNMS
```

```
> NM2JUNG/HOJINMS/HOSUNMS

RP/SELK13UA3/
  1.JUNG/HOJINMS     2.JUNG/HOSUNMS
```

다. 승객 2명 이상의 이름을 동시에 입력할 경우

```
NM1HAN/KYUNGTAEMR1MOON/JUNGHYUNMR
```

```
> NM1HAN/KYUNGTAEMR1MOON/JUNGHYUNMR

RP/SELK13UA3/
  1.HAN/KYUNGTAEMR     2.MOON/JUNGHYUNMR
```

4) 소아(Child : 만 2세 이상 ~ 만 12세 미만)

```
NM1MOON/JINHYUNGMSTR(CHD/12APR09)
```

```
> NM1MOON/JINHYUNGMSTR(CHD/12APR09)

RP/SELK13UA3/
  1.MOON/JINHYUNGMSTR(CHD/12APR09)
```

☞ (CHD/12APR09) : 소아의 생년월일

– 소아의 생년월일을 수정할 경우

```
1/(CHD/01APR08)
```

```
> NM1MOON/JINHYUNGMSTR(CHD/12APR09)

RP/SELK13UA3/
  1.MOON/JINHYUNGMSTR(CHD/01APR08)
```

☞ 위와 같이 소아의 생년월일이 12APR09에서 01APR08로 수정된 것을 알 수 있다.

5) 유아(Infant : 생후 14일 이상 ~ 만 2세 미만)

– 유아 성이 보호자와 동일한 경우

```
NM1HAN/KYUNGTAEMR(INF/JIHEANGMISS/01JAN12)
```

1	NM	이름 입력 기본지시어
2	1	승객 수
3	HAN/KYUNGTAEMR	보호자 성명
4	(INF/JIHEANGMISS/01JAN12)	유아 성이 보호자와 동일한 경우 유아의 이름과 생년월일만 입력

```
> NM1HAN/KYUNGTAEMR(INF/JIHEANGMISS/01JAN12)

RP/SELK13UA3/
  1.HAN/KYUNGTAEMR(INF/JIHEANGMISS/01JAN12)
```

– 유아 성이 보호자와 동일하지 않은 경우

NM1LEE/KEUNJAMS(INFKANG/HAEJOONMSTR/01MAR12)

1	NM	이름 입력 기본지시어
2	1	승객 수
3	LEE/KEUNJAMS	보호자 성명
4	(INFKANG/HAEJOONMSTR/01MAR12)	유아 성이 보호자와 동일하지 않은 경우 유아의 성과 이름, 생년월일 입력

```
> NM1LEE/KEUNJAMS(INFKANG/HAEJOONMSTR/01MAR12)

RP/SELK13UA3/
  1.LEE/KEUNJAMS(INFKANG/HAEJOONMSTR/01MAR12)
```

– 성인 승객성명 입력 후 해당 성인 승객에게 유아를 추가하는 경우

1/(INF/SEOYOUNGMISS/23NOV12)

1	1/	1번 승객 뒤로 입력 시

```
RP/SELK13UA3/
  1.KANG/TAEHEEMS                                  2.KIM/TOPASMR
  3.LEE/PLUSMSTR(CHD/01MAR09)

> 1/(INF/SEOYOUNGMISS/23NOV12)

RP/SELK13UA3/
  1.KANG/TAEHEEMS(INF/SEOYOUNGMISS/23NOV12)     2.KIM/TOPASMR
  3.LEE/PLUSMSTR(CHD/01MAR09)
```

– 입력한 유아 승객을 삭제하는 경우

```
1/
```

```
RP/SELK13UA3/
  1.KANG/TAEHEEMS(INF/SEOYOUNGMISS/23NOV12)     2.KIM/TOPASMR
  3.LEE/PLUSMSTR(CHD/01MAR09)

> 1/
RP/SELK13UA3/
  1.KANG/TAEHEEMS                                2.KIM/TOPASMR
  3.LEE/PLUSMSTR(CHD/01MAR09)
```

연습문제

1. 다음 성인, 소아, 유아 구분을 기준에 대한 내용을 잘못 기술한 것은 무엇인가?

① 성인은 만 12세 이상을 말한다.
② 유아는 만 2세 미만으로 좌석을 점유하지 않는 승객을 말한다.
③ 소아와 유아는 성명과 함께 생년월일을 입력하여야 한다.
④ 소아와 유아의 성명 입력 시 반드시 성별을 입력해 주어야지만 이름이 입력된다.

2. 다음 보기에 맞는 유아 이름 입력 지시어를 쓰시오.

〈보기〉

보호자 : HAN/KOREA MR
유 아 : HAN/KOOK (남아, 2012년 5월 29일생)

3. 다음 조건에 맞는 소아 이름 입력 지시어를 쓰시오.

〈보기〉

소아 : MOON/JUNGHYUN (여아, 2008년 12월 18일생)

4. 2번 소아 승객의 생년월일을 수정하는 지시어를 쓰시오.

〈보기〉

생년월일 : 2010년 11월 1일

5. 1번 승객 이름과 함께 입력된 유아 승객을 삭제하는 지시어를 쓰시오.

6. 소아와 유아는 정보는 SR사항으로 CHLD, INFT가 항공사에 자동 전송된다.

O

X

7. 성인 1명이 유아 2명을 동반하는 경우 1명은 유아로 다른 1명은 소아로 처리하여야 한다.

O

X

2. ITINERARY ELEMENT(여정)

1) 정의

승객의 여행을 위한 항공예약 및 항공기 이외의 교통편으로 여행하는 구간, 호텔, 렌터카 등의 예약을 모두 합하여 여정(Itinerary)이라 한다.

2) 여정 작성

	지시어	기 능
1	SS1Y2	기본지시어/요청 좌석 수/booking class/ line number
2	SSKE901Y30MARICNCDG1	직접입력 좌석예약(예약가능상태일 경우)
3	SS1M1*M11	왕복여정 좌석예약
4	SS1M2/PE	대기자 좌석예약
5	SSNH173M20DECNRTBKKPE1	직접입력 대기자 좌석예약
6	SOKEY25NOVLHRICN	OPEN 구간예약
7	SIARNK	비항공운송구간(Surface) 예약
8	SB26DEC4 혹은 SBM2	작성된 여정의 일부분 수정 시(Booking Class, 날짜)

가. 예약가능편 조회 후 좌석이 있을 경우(HE SS)

SS1Y1

1	SS	좌석을 요청하는 기본지시어(Segment Sell Transaction Code)
2	1	요청 좌석 수
3	Y	Booking Class 예약등급
4	1	선택하고자 하는 예약가능편 line number

```
AN30MARSELPAR/AKE
** AMADEUS AVAILABILITY - AN ** PAR PARIS.FR              164 SU
  30MAR 0000
 1    KE 901   P8 A8 J9 C9 D9 I9 Z9 /ICN    CDG2E  1320    1820
  E0/744         12:00
                 O9 Y9 B9 M9 H9 E9 K9 Q9 T9 GR X9
```

▼

```
> SS1Y1

RP/SELK13UA3/
  1  KE 901 Y 30MAR 7 ICNCDG HK1          1320 1820    744 E 0
     SEE RTSVC
```

☞ HK1 : 한 좌석을 확약되어짐을 나타내 준다.

나. 왕복여정(Dual Pair) 예약가능편 조회 후 예약 지시어

SS1M1*M11

1	SS	좌석을 요청하는 기본지시어(Segment Sell Transaction Code)
2	1M1	요청 좌석 수/Booking class/ 선택 항공편 line number
3	*	연결부호
4	M11	돌아오는 여정의 Booking class/선택 항공편 line number

```
AN01SEPSELSIN/AKE*10SEP
** AMADEUS AVAILABILITY - AN ** SIN SINGAPORE.SG        319 MO
  01SEP 0000
 1 KE 643  R8 A8 J9 C9 D9 I9 Z9 /ICN  SIN 2 1420  1930  E0/772  6:10
           O9 Y9 B9 M9 H9 E9 K9 Q9 T9 GR X9
 2 KE 641  P6 A6 J9 C9 D9 I9 Z9 /ICN  SIN 2 1840  2350  E0/773  6:10
           O9 Y9 B9 M9 H9 E9 K9 Q9 T9 GR X9

** AMADEUS AVAILABILITY - AN ** SEL SEOUL.KR 328 WE 10SEP 0000
11 KE 642  P6 A6 J9 C9 D9 I9 Z9 /SIN 2 ICN   0110 0825  E0/773  6:15
           O9 Y9 B9 M9 H9 E9 K9 Q9 T9 GR X9
12 KE 644  R8 A8 J9 C9 D9 I9 Z9 /SIN 2 ICN   2235 0555+1E0/772  6:20
           O9 Y9 B9 M9 H9 E9 K9 Q9 T9 GR X9
```

▼

```
> SS1M1*M11

RP/SELK13923/
  1  KE 643 M 01SEP 1 ICNSIN HK1           1420 1930    772 E 0
     SEE RTSVC
  2  KE 642 M 10SEP 3 SINICN HK1         2 0110 0825    773 E 0
     SEE RTSVC
```

다. 예약가능편 조회 후 대기자 예약인 경우(HE WAITLIST)

SS1M2/PE

1	SS	좌석을 요청하는 기본지시어(Segment Sell Transaction Code)
2	1	요청 좌석 수
3	M	Booking Class 예약등급
4	2	예약가능편 조회번호 순서
5	/PE	대기자 우선요청 코드(the waiting priority action code)

```
** AMADEUS AVAILABILITY - AN ** BKK BANGKOK.TH 64 FR 20DEC 0000
1 TG:NH5965 F4 A4 J4 C4 D0 Z0 P0 /HND I BKK 0020 0520 E0.744 7:00
            Y4 B4 M0 U0 H0 Q0
2 NH 173    J1 C1 D1 Z1 P0 R0 Y5 /HND I BKK 0030 0600 E0.763 7:30
            B4 M0 U0 H0 Q0 V0 W0 S0 L0 K0 N0
```

▼

```
> SS1M2/PE

RP/SELK13UA3/
  1  NH 173 M 20DEC 5 HNDBKK LL1     1  1730 2250   767 E 0 M
     NH BGE RULE CHG//TKT ISSUED FROM 01JUN13
     SEE RTSVC
```

☞ LL1 : 대기자로 예약됨을 나타내 준다.

3) 직접입력(Direct Segment) 방식을 이용한 여정 작성

예약하고자 하는 구간의 예약가능편을 조회하지 않고 직접 항공사, 편명, CLASS, 날짜를 입력하여 좌석을 요청하는 방법이다.

가. 좌석 예약이 가능한 상태 확인한 경우

```
SSKE901Y30MARICNCDG1
```

1	SS	좌석을 요청하는 기본지시어(Segment Sell)
2	KE901	예약하고자 하는 항공편명
3	Y	Booking Class
4	30MAR	출발날짜
5	ICNCDG1	출발공항/도착공항/좌석 수

```
> SSKE901Y30MARICNCDG1

RP/SELK13923/
  1  KE 901 Y 30MAR 7 ICNCDG HK1          1320 1820    744 E 0 LD
     SEE RTSVC
```

나. 대기자 예약이 가능한 상태 확인한 경우

SSNH173M20DECHNDBKKPE1

1	SS	좌석을 요청하는 기본지시어(Segment Sell)
2	NH173	예약하고자 하는 항공편명
3	M	Booking Class
4	20DEC	출발날짜
5	NRTBKKPE1	출발공항/도착공항/ 대기자 요청 코드 및 좌석 수

```
> SSNH173M20DECHNDBKKPE1

RP/SELK13923/
  1  NH 173 M 20DEC 5 HNDBKK LL1      I  0030 0600    763 E 0 M
     SEE RTSVC
```

다. INFORMATION SEGMENT(HE SEG)

SITK051Y25DECNRTISTHK1/12551810

▼ (완성된 PNR)

```
--- RLR ---
RP/SELK13923/SELK13923          20/SU  17OCT13/1049Z   3WNS9V
0904-1454
 1.JUNG/HOJINMS
 2 KE 703 M 01DEC 7 ICNNRT HK1       1010 1230    *1A/E*
 3 TK 051 Y 25DEC 3 NRTIST HK1       1255 1810    *I*
 4 KE 956 M 30DEC 1 ISTICN HK1       I  2045 1345+1 *1A/E*
 5 AP SEL 02-520-0694 - BAEKSEOK ARTS UNIVERSITY - A
 6 TK OK17OCT/SELK13923
 7 OPW SELK13923-30OCT:2000/1C7/KE REQUIRES TICKET ON OR BEFORE
        31OCT:2000/S2,4
 8 OPC SELK13923-31OCT:2000/1C8/KE CANCELLATION DUE TO NO
        TICKET/S2,4
```

☞ 3번 구간인 'NRTIST' 구간은 'TK'에 이미 예약이 되어 있을 경우 정보제공 구간으로 입력할 경우에 사용

4) 여정의 연속성을 위한 여정 작성

가. 미확정 구간의 예약(Open Segment)(HE OPEN)

승객의 여정이 미확정된 경우 미확정 구간의 예약을 함으로써 구간의 연속성을 맞춰주는 것을 말한다.

```
SO KE Y 25DEC LHRICN
```

1	SO	미확정 구간 요청 기본지시어(Open Segment)

```
> SOKEY25DECLHRICN

RP/SELK13923/
  1  KE 907 Y 01DEC 7 ICNLHR HK1        1305 1630    77W E 0 LD
     SEE RTSVC
  2  KEOPEN Y 25DEC 3 LHRICN
```

나. ARNK(Arrival Unkown) 간의 예약

승객의 여정이 항공편 이외의 운송 수단으로 여행할 경우 비항공운송(Surface) 구간임을 나타냄으로써 여정의 연속성을 맞춰주는 것을 말한다.

```
SIARNK
```

```
> SIARNK

RP/SELK13UA3/
  1  KE5901 Y 01SEP 7 ICNCDG HK1          0925 1420    77W E 0
     CHKIN CLOSE TIME 60MIN BEFORE DEP
     OPERATED BY AIR FRANCE
     SEE RTSVC
  2  ARNK
  3  KE 908 Y 30SEP 1 LHRICN HK1       4  1935 1420+1 77W E 0
     SEE RTSVC
```

〈참고〉

- ARNK를 반드시 넣어야 하는 이유

① ARNK를 입력하지 않으면 Error 메시지가 나오지만 한 번 더 저장(ER)을 입력하면 저장이 가능하다.

② 그러나 향후 예약의 수정작업 발생 시 ARNK를 입력해 놓지 않으면 PNR 변경 시마다 Error 메시지가 나온다.
"WARNING: CHECK SEGMENT CONTINUITY-SEGMENT 2/3"

③ 따라서 사용자가 선택해서 입력 여부를 결정하면 되지만 처음부터 입력해 주는 것이 편리할 수 있다.

④ 여정 순서는 자동 정렬되므로 순서조정이나 삽입 기능이 필요 없다.

다. 부분 수정

작성된 여정의 일부분(Booking Class, Date 등)만 변경하고자 할 때 사용한다.

```
SB20DEC1
```

☞ 1번 여정의 날짜를 01DEC에서 20DEC로 변경하고자 할 때

```
RP/SELK13923/
1  KE 901 M 01DEC 7 ICNCDG HK1          1400 1820   77W E 0 LD
   SEE RTSVC

> SB20DEC1

RP/SELK13923/
1  KE 901 M 20DEC 5 ICNCDG HK1          1400 1820   77W E 0 LD
   SEE RTSVC
```

5) PASSIVE SEGMENTS(Passive/Ghost/Service)(HE PASSIVE)

가. PASSIVE SEGMENTS

- 발권용으로 사용되며, Fare Pricing을 제공한다.
- 아마데우스 이외의 GDS에서 예약이 이루어진 경우 PNR Claim을 사용한다.
- GGPCAXX(XX: 항공사 코드)로 사용 가능여부를 확인한 후 사용한다.

	지시어	내 용
1	AN20DECHKGBKK/APG ▶ SS1Y1/PK/123456	Availability 조회 후 여정 작성 시
2	SSPG806Y20DECHKGBKKPK1/123456	직접입력 시

```
--- RLR ---
RP/SELK13923/SELK13923              20/SU   27OCT13/0517Z    336BNE
0947-0222
  1.HAN/SYSTEMMR
  2  CX 415 Y 01DEC 7 ICNHKG HK1            0850 1145    *1A/E*
  3 AP SEL 02-520-0694 - BAEKSEOK ARTS UNIVERSITY - A
  4 APM 010-123-3000
  5 TK OK27OCT/SELK13923

> AN20DECHKGBKK/APG
AN20DECHKGBKK/APG
** AMADEUS AVAILABILITY - AN ** BKK BANGKOK.TH 54 FR 20DEC 0000
1 PG 806  C7 D0 Z7 Y7 M0 K0 N0 /HKG 2 BKK 1705 2105 E1/319  5:00
          T0 L0 H0 Q0 V0 G0 B0 X0 S0

> SS1Y1/PK/123456

--- RLR ---
RP/SELK13923/SELK13923  20/SU  27OCT13/0517Z  336BNE 0947-0222
1.HAN/SYSTEMMR
2  CX 415 Y 01DEC 7 ICNHKG HK1           0850 1145    *1A/E*
3  PG 876 Y 20DEC 5 HKGBKK PK1        2  0845 1250    123456
   SEE RTSVC
   PG PARTICIPATES IN PNR CLAIM
   YOU MAY IGNORE THIS TRANSACTION AND CLAIM PNR FROM PG
   TELETYPE WILL BE SENT FOR PASSIVE BOOKING TO:- PG
5 AP SEL 02-520-0694 - BAEKSEOK ARTS UNIVERSITY - A
6 APM 010-123-3000
7 TK OK27OCT/SELK13923
```

나. GHOST SEGMENT

실제 예약이 이루어지지 않은 상태에서 Fare Pricing용으로 사용하며, 발권은 불가하며, 해당 항공사로 메시지 전송은 되지 않는다.

	지시어	내 용
1	AN30DECHKGSEL/AKE ▶ SS1Y1/GK/123456	Availability 조회 후 여정 작성 시
2	SSKE608Y30DECHKGICNGK1/123456	직접입력 시

```
--- RLR ---
RP/SELK13923/SELK13923   20/SU   27OCT13/0517Z    336BNE 0947-0222
  1.HAN/SYSTEMMR
  2   CX 415  Y  01DEC  7  ICNHKG  HK1              0850  1145     *1A/E*
  3   CX 412  Y  20DEC  5  HKGICN  HK1          1   0055  0520     *1A/E*
  4  AP  SEL  02-520-0694  -  BAEKSEOK  ARTS  UNIVERSITY  -  A
  5  APM  010-123-3000
  6  TK  OK27OCT/SELK13923

> XE3

> AN30DECHKGSEL/AKE
AN30DECHKGSEL/AKE
** AMADEUS AVAILABILITY - AN ** SEL SEOUL.KR    64 MO 30DEC 0000
  1   KE 608   R9 A9 J9 C9 D9 I9 Z9 /HKG 1 ICN 0055   0520 E0/388 3:25
               O9 Y9 B9 M9 H9 E9 K9 Q9 T9 GR X9

> SS1Y1/GK/123456

--- RLR ---
RP/SELK13923/SELK13923   20/SU   27OCT13/0517Z   336BNE   0947-0222
  1.HAN/SYSTEMMR
  2  CX  415  Y  01DEC  7  ICNHKG  HK1              0850  1145     *1A/E*
  3  KE  608  Y  30DEC  1  HKGICN  GK1          1   0055  0520     123456
     SEE  RTSVC
  4  AP  SEL  02-520-0694  -  BAEKSEOK  ARTS  UNIVERSITY  -  A
  5  APM  010-123-3000
  6  TK  OK27OCT/SELK13923
```

다. SERVICE SEGMENT

- SSR, OSI 신청용으로 사용한다.
- GGPCAXX(XX: 항공사 코드)로 사용 가능여부를 확인한 후 사용한다.

	지시어	내 용
1	AN30DECNYCBOS/ADL ▶ SS1Y9/HK/123456	Availability 조회 후 여정 작성 시
2	SSDL793Y15SEPNYCBOSHK112001317/123456	직접입력 시

☞ Service Segment는 직접입력 시 출/도착시간을 입력하여야 한다.

```
RP/SELK13923/
  1  DL 793 Y 15SEP 1 JFKBOS HK1          1200 1317    123456
     PASSIVE FLIGHT/CLASS DOES NOT MATCH PUBLISHED SCHEDULE
     DL PARTICIPATES IN PNR CLAIM
     YOU MAY IGNORE THIS TRANSACTION AND CLAIM PNR FROM DL
```

연습문제

1. 다음 조건에 맞는 OPEN 구간 예약 지시어를 쓰시오.

항공사 : KE, 구간 : LAXICN, CLASS : Y

2. 다음 조건에 맞는 여정 작성 직접입력 지시어를 쓰시오.

항공사 및 편명 : KE905, 구간 : ICNFRA, CLASS : Y, 좌석 수 : 2

3. 여정의 연속성을 맞추기 위한 비항공 운송구간을 나타내는 지시어는?

4. 다음과 같은 응답화면이 나왔을 경우 M CLASS로 2좌석을 대기자로 잡는 지시어를 쓰시오.

```
4  NH 953  J8 C0 D0 Z0 P0 R0 Y0 /NRT 1 BKK  1050  1605 E0.763 7:15
           B0 M0 U0 H0 Q0 V0 W0 S0 L0 K0 N0
```

5. 비항공운송구간이 발생하더라도 ARNK를 입력할 필요는 없다.

O

X

6. 여정을 출발 순서대로 입력하지 않았을 경우 중간에 PNR 저장을 위해 여정순서 조정이 필요하다.

O

X

3. CONTACT ELEMENT(전화번호)(HE AP)

1) 특징

- 하나의 PNR에 2개 이상의 전화번호 입력이 가능하다.
- 기본적인 AP 연락처와 Moblie 번호는 항공사로 전송된다.
- PNR 완료 후 생성되는 예약번호는 아래 전화번호 항목을 우선순위로 유사한 번호를 만든다. 따라서 Mobile 번호를 우선으로 입력한다. (APM > APH > APB > AP > RANDOM)

	지시어	기 능
1	AP 혹은 AP02-521-2000-A	여행사 전화번호 입력
2	APM-010-123-3000/P2	2번 승객의 핸드폰번호 입력
3	APF-02-726-6867	FAX 번호 입력
4	APH-031-070-1234	집 전화번호 입력
5	APB-02-726-8932	사무실 번호 입력
6	APE-jane2001krkr@crs.co.kr	이메일 주소 입력

2) 전화번호 입력(HE AP)

- 기본형태

AP 혹은 AP02-726-8000-A

```
RP/SELK13923/
  1 AP SEL 02-520-0694 - BAEKSEOK ARTS UNIVERSITY - A
  2 AP 02-736-8000-A
```

- 기타 입력화면

```
3 AP SEL 02-520-0694 - BAEKSEOK ARTS UNIVERSITY - A
4 APB 02-726-8932
5 APE JANE2001KRKR@CRS.CO.KR
6 APF 02-726-6867
7 APH 031-070-1234
8 APM 010-700-9000/P1
```

☞ 위와 같이 알파벳 순서로 정렬되는 것을 볼 수 있다.

4. TICKET ARRANGEMENT ELEMENT(항공권 발권시한)(HE TK)

1) 특징

- 항공권 번호 입력(수기항공권 발권 및 항공권 소지 승객의 경우)
- 항공권 구입예정 시기 입력

	지시어	기 능
1	TKOK19DEC	PNR 상에 항공권 번호가 있는 경우
2	TKXL06MAY/1500	발권 권고 시한, 예약 자동 취소
3	TKTL06MAY/1500	발권 권고 시한, 예약 취소되지 않고 Queue로 전송

2) 기본지시어

- 이미 발권 완료된 경우

```
TKOK19DEC
```

```
3 TK OK19DEC/SELK13UA3
```

☞ 12월 19일 항공권을 발권하겠다는 알림(시간입력이 불필요) 또는 PNR에 항공권 번호가 있는 경우

- 발권 권고 시한(자동 예약 취소)

```
TKXL19DEC/1200
```

```
3 TK XL19DEC/1200/SELK13UA3
```

☞ 12월 19일 항공권 발권 권고 시한, 자동 예약 취소됨, 12번 Q로 자동 전송

- 발권 권고 시한(예약 취소 안 됨)

```
TKTL19DEC/1200
```

```
RP/SELK13UA3/
  1 TK TL19DEC/1200/SELK13UA3
```

☞ 12월 19일 1200까지 발권시한 권고, 예약이 취소되지 않고 8번 Queue로 자동 전송

5. RECEIVED FROM ELEMENT(예약의뢰자)(HE RF)

1) 특징

- 예약 작성 혹은 변경작업 시에 해당 작업을 의뢰한 사람에 대한 근거로 기재한다.
- PNR 저장할 때마다 항상 입력이 필요하다.

	지시어	기 능
1	RFP	예약의뢰자(승객)
2	RFJO INSUNG MR	예약의뢰자(조인성)

2) 기본지시어

```
RFJO INSUNG MR
```

1	RF	~로부터 요청 받음을 나타내는 기본지시어
2	JO INSUNG MR	요청한 승객성명(단, /는 사용 불가)

```
RP/SELK13UA3/
RF JO INSUNGMR
```

6. PNR 완성 및 조회

1) 특징

- PNR의 필수 입력사항을 입력한 후 저장(ET enter)을 통하여 예약번호를 부여 받는다.
- PNR의 완성여부는 예약번호(PNR Address)로서 표시되며, 예약기록을 조회하는 데 필요하다.
- 예약번호는 알파벳과 숫자로 조합된 6자리와 8자리의 숫자 두 가지로 표시된다.
- PNR은 변경, 수정, 추가 후에는 항상 저장(ET enter)을 통하여 새로운 사항을 반영한다.
- 저장(ET enter) 후에는 새로운 PNR 작업을 수행할 수 있다.
- 만약 PNR에 Error가 있는 경우는 Eerror Response가 나타나고 PNR Number는 주어지지 않는다.

	지시어	기 능
1	RT	PNR 정리 및 조회
2	ET	PNR 작업 완료
3	ER	PNR의 작업 완료 후 재조회
4	ETK/ERK	완료 및 불완전 STATUS 코드 정리(KK/PN/WK/SC)
5	IG	진행 중인 PNR 작업을 취소
6	IR	PNR 작업 취소와 동시에 PNR 재조회

2) PNR 정리 및 조회

```
RT
```

3) PNR 작업 완료 기본지시어

```
ET
```

☞ PNR 완성 후 새로운 PNR 작업을 수행할 수 있다.

4) PNR의 작업 완료 후 재조회

```
ER
```

☞ PNR 완성 후 동시에 완성된 PNR을 조회할 수 있다.

```
RP/SELK13923/
RF P
  1.JUNG/AAMS    2.HAN/BBMR
  3  TG 659 Y 01MAR 6 ICNBKK HK2          0935 1330    773 E 0
     SEE RTSVC
  4  TG 692 Y 20MAR 4 BKKICN HK2          0715 1440    773 E 0
     SEE RTSVC
  5 AP SEL 02-520-0694 - BAEKSEOK ARTS UNIVERSITY - A
  6 APM 010-123-3000/P1
  7 TK OK19DEC/SELK13923

> ER
RANDOM RESERVATION NUMBER RECOMMENDED:0902-2793

> ER
--- RLR ---
RP/SELK13923/SELK13923          20/SU  21OCT13/0155Z    3YPF7R
0902-2793
  1.JUNG/AAMS    2.HAN/BBMR
  3  TG 659 Y 01MAR 6 ICNBKK HK2          0935 1330    *1A/E*
  4  TG 692 Y 20MAR 4 BKKICN HK2          0715 1440    *1A/E*
  5 AP SEL 02-520-0694 - BAEKSEOK ARTS UNIVERSITY - A
  6 APM 010-123-3000/P1
  7 TK OK19DEC/SELK13923
```

5) PNR 작업 완료 및 불완전 STATUS 코드 정리(KK/PN/WK/SC)

ETK/ERK

☞ PNR 상의 Status 코드를 정리하여 준다.

```
--- RLR ---
RP/SELK13UA3/SELK13UA3            AA/SU  26FEB13/0149Z   6VPYOS
8068-1095
1. WEON/HYEYOUNGMS    2.KIM/TESTMS
3  KE 651  E 29JUL 1 ICNBKK HK2         1740 2110    *1A/E*
4  KE652 E 29AUG 1 BKKICN KL2           2240 0600+1 *1A/E
5. AP  02-726-7868
6  AP  M010-800-9000/P1
7  TK  TL26FEB/SELK13UA3
```

☞ BKK-ICN 구간에 대기자 명단에서 예약이 확약되었음을 응답받은 경우

▼

ERK

```
--- RLR ---
RP/SELK13UA3/SELK13UA3            AA/SU  26FEB13/0149Z   6VPYOS
8068-1095
   1.WEON/HYEYOUNGMS    2.KIM/TESTMS
3  KE 651  E 29JUL 1 ICNBKK HK2         1740 2110    *1A/E*
4  KE652 E 29AUG 1 BKKICN HK2           2240 0600+1 *1A/E
   5. AP  02-726-7868
   6  AP  M010-800-9000/P1
7  TK  TL26FEB/SELK13UA3
```

☞ 상기와 같이 BKK – ICN 구간의 KL(항공사로부터 대기자에서 예약이 확약되었음을 응답 받음) 상태가 HK(예약확약 받은 상태)로 변경되어 자동 정리된 것을 알 수 있다.

6) PNR 작업 취소 및 조회

- 새로운 PNR 작업을 수행하기 위해서 취소(IG enter)를 한 후 작업을 진행한다.
- 진행 중인 PNR의 작업내용을 취소하는 동시에 종료하는 지시어이다.
- 최초 PNR 작성 시 저장(ET enter)작업을 수행하기 전에 취소(IG enter)할 경우 모든 입력 내용은 취소된다.
- PNR 상에 추가 항목을 저장(ET enter)작업 전에 취소(IG enter)할 경우 추가 입력내용만 취소된다.

	지시어	기 능
1	IG	진행 중인 PNR 작업을 취소
2	IR	PNR 작업 취소와 동시에 PNR 재조회

7) PNR HEADER(HE PNR)

- 마지막 비행출발 후 3일까지만 남아있다.

```
--- RLR ---
①RP/SELK13923/SELK13923        ②20/SU ③21OCT13/0211Z    ④3YPF7R
④0902-2793
  1.JUNG/AAMS(INFHAN/CCMSTR/01MAY12)
  2.HAN/BBMSTR(CHD/01MAY09)
  3  TG 659 Y 01MAR 6 ICNBKK HK2          0935 1330   *1A/E*
  4  TG 692 Y 20MAR 4 BKKICN HK2          0715 1440   *1A/E*
  5 AP SEL 02-520-0694 - BAEKSEOK ARTS UNIVERSITY - A
  6 APM 010-123-3000/P1
  7 TK TL19FEB/SELK13923
  8 SSR INFT TG HK1 HAN/CCMSTR 01MAY12/S3/P1
  9 SSR INFT TG HK1 HAN/CCMSTR 01MAY12/S4/P1
 10 SSR CHLD TG HK1 01MAY09/P2
```

☞ --- RLR --- : Record Locator Return

① Office ID

② 대리점 Sign/ Duty Code

③ PNR 작성 또는 최종 업데이트 날짜와 시간

④ 예약번호(Recode Locator)

1-2. Name Element

3-4. Itinarary Element

5. 여행사 전화번호

6. 1번 승객 핸드폰 번호

7. 발권시한

8. 보호자 1번 승객 연결하여 유아 생년월일 전송

9. 2번 소아승객 생년월일 전송

7. PNR 수정 및 삭제

1) REBOOKING PNR(HE REBOOK 혹은 HE SB)

- 이미 완성된 PNR 상의 여정에서 일부분(Booking Class, Ddate 등)만 변경하고자 할 때 사용한다.

	지시어	기 능
1	SBC2	Booking Class 재예약
2	SB26DEC4	날짜 재예약

가. BOOKING CLASS 재예약

SBC2

1	SB	기본지시어 (Should Be)
2	C	변경하고자 하는 Bookig Class
3	2	변경하고자 하는 여정 번호

```
--- RLR ---
RP/SELK13UA3/SELK13UA3              LQ/SU    7JUL13/2110Z    2AERLG
6902-3850
1. MOON/TESTMS
2 KE 925 Y 01SEP 7 ICNAMS HK1             1245 1730    *1A/E*
3 BA 423 Y 20SEP 5 AMSLHR HK1             0715 0730    *1A/E*
4 KE 908 Y 30SEP 1 LHRICN HK1         4   1935 1420+1 *1A/E*
5 AP A02-123-3000 AAA TRVL PAR
6 TK OK08JUL/SELK13UA3
7 OPW SELK13UA3-19JUL:0700/1C7/KE REQUIRES TICKET ON OR BEFORE
        22JUL:0700/S2,4
8 OPC SELK13UA3-22JUL:0700/1C8/KE CANCELLATION DUE TO NO
        TICKET/S2,4

> SBC2
--- RLR ---
RP/SELK13UA3/SELK13UA3              LQ/SU    7JUL13/2110Z    2AERLG
6902-3850
1. MOON/TESTMS
2 KE 925 C 01SEP 7 ICNAMS HK1             1245 1730    332 E 0
      7/ DUTY FREE SALES
3 BA 423 Y 20SEP 5 AMSLHR HK1             0715 0730    *1A/E*
4 KE 908 Y 30SEP 1 LHRICN HK1         4   1935 1420+1 *1A/E*
5 AP A02-123-3000 AAA TRVL PAR
6 TK OK08JUL/SELK13UA3
7 OPW SELK13UA3-19JUL:0700/1C7/KE REQUIRES TICKET ON OR BEFORE
        22JUL:0700/S4
8 OPC SELK13UA3-22JUL:0700/1C8/KE CANCELLATION DUE TO NO
        TICKET/S4
```

나. DATE 재예약

SB26SEP4

1	SB	기본지시어 (Should Be)
2	26SEP	변경하고자 하는 새로운 날짜
3	4	변경하고자 하는 여정 번호

```
> SB26SEP4
--- RLR ---
RP/SELK13UA3/SELK13UA3          LQ/SU    7JUL13/2110Z    2AERLG
6902-3850
  1.MOON/TESTMS
  2  KE 925  C  01SEP  7  ICNAMS  HK1           1245  1730    332  E  0
       7/  DUTY  FREE  SALES
  3  BA  423  Y  20SEP  5  AMSLHR  HK1           0715  0730    *1A/E*
  4  KE  908  Y  26SEP  4  LHRICN  HK1       4  1935  1420+1  77W  E  0
     SEE  RTSVC
  5  AP  A02-123-3000  AAA  TRVL  PAR
  6  TK  OK08JUL/SELK13UA3
```

다. 항공편 재예약

SBCX418*3

```
--- RLR ---
RP/SELK13923/SELK13923   20/SU   27OCT13/0517Z   336BNE   0947-0222
  1. HAN/SYSTEMMR
  2  CX  415  Y  01DEC  7  ICNHKG  HK1           0850  1145    *1A/E*
  3  CX  412  Y  20DEC  5  HKGICN  HK1       1   0055  0520    *1A/E*
  4  AP  SEL  02-520-0694  -  BAEKSEOK  ARTS  UNIVERSITY  -  A
  5  APM  010-123-3000
  6  TK  OK27OCT/SELK13923
```

```
> SBCX418*3

--- RLR ---
RP/SELK13923/SELK13923            20/SU  27OCT13/0517Z   336BNE
0947-0222
  1.HAN/SYSTEMMR
  2  CX 415 Y 01DEC 7 ICNHKG HK1          0850 1145   *1A/E*
  3  CX 418 Y 20DEC 5 HKGICN HK1       1  1405 1830   333 E 0
     SEE RTSVC
  4 AP SEL 02-520-0694 - BAEKSEOK ARTS UNIVERSITY - A
  5 APM 010-123-3000
  6 TK OK27OCT/SELK13923
```

☞ 위와 같이 3번 여정의 비행편이 변경된 것을 알 수 있다(단, 같은 구간에서만 가능하다).

2) 여정 및 DATA 취소

가. 특징

PNR은 DATA 입력 시마다 순서대로 번호가 부여되므로 취소 시 각각의 번호를 이용하여 취소한다.

나. 취소 지시어

	지시어	기 능
1	XI	전 여정만 취소 시
2	XE	기본 취소 지시어
3	XE1,3	1번, 3번 취소(ELEMENTS 번호로 취소)
4	XE3-8	3번에서 8번까지 취소

```
--- RLR ---
RP/SELK13UA3/SELK13UA3          AA/SU   26FEB13/0149Z    6VPYOS
8068-1095
1.  WEON/HYEYOUNGMS    2.KIM/TESTMS
3   KE 651 E 29JUL 1 ICNBKK HK2          1740 2110    *1A/E*
4   ARNK
5   KE 638 E 29AUG 4 HKTICN HK2        1   0045 0850    *1A/E*
6   AP 02-726-7868
7   AP M010-800-9000/P1
8   TK TL26FEB/SELK13UA3
9   OPW SELK13UA3-11APR:1800/1C7/KE REQUIRES TICKET ON OR BEFORE
12  APR:1800/S3,5
10  OPC SELK13UA3-12APR:1800/1C8/KE CANCELLATION DUE TO NO
    TICKET/S3,5
```

```
> XE6-8     : 번호 6-8번 취소

--- RLR ---
RP/SELK13UA3/SELK13UA3          AA/SU   26FEB13/0149Z    6VPYOS
8068-1095
1. WEON/HYEYOUNGMS    2.KIM/TESTMS
3 KE 651 E 29JUL 1 ICNBKK HK2          1740 2110    *1A/E*
4 ARNK
5 KE 638 E 29AUG 4 HKTICN HK2        1   0045 0850    *1A/E*
6 OPW SELK13UA3-11APR:1800/1C7/KE REQUIRES TICKET ON OR BEFORE
  12APR:1800/S3,5
7 OPC SELK13UA3-12APR:1800/1C8/KE CANCELLATION DUE TO NO
  TICKET/S3,5
```

☞ 단, 위 PNR에서 6,7번 OPW, OPC는 Ticket 관련 메시지이므로 취소 불가함
경고 메시지 생성됨 "WARNING: SOME ELEMENTS COULD NOT BE CANCELLED"

```
> XI

--- RLR ---
RP/SELK13UA3/SELK13UA3              AA/SU   26FEB13/0149Z    6VPYOS
8068-1095
1.WEON/HYEYOUNGMS     2.KIM/TESTMS
3 AP  02-726-7868
4 AP  M010-800-9000/P1
5 TK  OK26FEB/SELK13UA3
```

☞ 여정이 취소됨(OPW, OPC 포함)

연습문제

1. 아래 PNR에 대한 설명으로 옳은 것을 고르시오.

```
--- RLR ---
RP/SELK13UA3/SELK13UA3 AA/SU 28JUN13/1126Z ZV5L6Y   7770-3083
1. KIM/AAAMR
2. KIM/BBBMS
3 KE5711 Y 10MAR 1 GMPHND HK2 0800 1005 10MAR E KE/ZV5L6Y
  OPERATED BY JAPAN AIRLINES
4 JL 091 Y 20MAR 4 HNDGMP HL2 0825 1100 20MAR E JL/ZV5L6Y
5 AP -02-726-1234 TOPAS TOUR
6 APM 010-1234-5678/P2
7 TK OK01FEB/SELK13UA3
8 OPW SELK13UA3-10OCT:2100/1C7/KE REQUIRES TICKET ON OR BEFORE
  11OCT:2100/S3
9 OPC SELK13UA3-11OCT:2100/1C8/KE CANCELLATION DUE TO NO TICKET/S3
```

① 발권시한은 2월 1일까지로 이때까지 발권하지 않으면 여정은 전부 자동 취소된다.
② 승객이 실제 탑승하는 항공사는 모두 JL 항공이다.
③ GMP-HND 구간 출발 요일은 월요일이다.
④ PNR 최종 업데이트 날짜는 6월 28일이다.

2. 다음은 PNR에 대한 내용이다 맞으면 O, 틀리면 X 하시오.

① PNR의 필수 구성요소는 성명, 여정, 연락처, 예약의뢰자, Ticket arrangement이다.
② PNR 저장 이후에 일부 승객명을 삭제하면 좌석은 자동으로 줄어든다.
③ 중간에 비항공운송구간이 발생하더라도 ARNK를 입력할 필요는 없다.
④ 여정을 출발 순서대로 입력하지 않았을 경우 PNR 저장을 위해 여정순서

조정이 필요하다.

⑤ PNR 완성 후 수정사항이나 추가사항이 있을 경우 매번 예약의뢰자를 입력하여야 한다.

3. 다음 기록에서 예약상태 코드를 정리하는 ENTRY는?

```
--- RLR ---
RP/SELK13UA3/SELK13UA3                AA/SU  26FEB13/0149Z   6VPYOS
8068-1095
  1.WEON/HYEYOUNGMS    2.KIM/TESTMS
3  KE 651  E 29JUL 1 ICNBKK HK2           1740 2110    *1A/E*
4  KE652  E 29AUG 1 BKKICN KL2            2240 0600+1 *1A/E
5. AP 02-726-7868
6 AP M010-800-9000/P1
7 TK TL26FEB/SELK13UA3
```

제 6 장

사례별 PNR의 작성연습

사례별 PNR의 작성과 선택사항 입력을 통하여 지금까지 배운 내용을 정리해 본다.

1) 다음의 조건대로 PNR을 작성하여 PNR Address(예약번호)를 적으시오.

승객	: 본인, 여자친구, 소아 1명(여아, 1999년 2월 11일생)
노선	: 인천 - 나리타 - 인천
항공사	: OZ(M) OZ(M)
날짜	: 5/1 5/10
전화번호	: 소속 여행사
	1번 승객 핸드폰 번호 010-777-8888
예약의뢰자	: MS KIM 010-123-3333
발권시한	: 4월 15일까지 발권 예정

〈다음 빈칸에 위의 PNR을 완성하기 위한 지시어를 써본다.〉

2) **다음의 조건대로 PNR을 작성하여 PNR Address(예약번호)를 적으시오.**

(참조 : KE 항공의 경우 전여정이 KE일 경우 1번 SEG의 해당운임의 예약등급을 같이 사용하면 된다.)

승객	:	본인, 소아 1명 (남아, 2008년 5월 11일생)	
노선	:	인천 - 방콕 X 싱가포르 - 인천	
항공사	:	TG(Y)	SQ(Y)
날짜	:	6/01	6/20
전화번호	:	소속 여행사	
		승객 핸드폰 번호 010-777-8888	
예약의뢰자	:	승객 본인	
발권시한	:	4월 15일까지 발권 예정	

〈다음 빈칸에 위의 PNR을 완성하기 위한 지시어를 써본다.〉

3) 다음의 조건대로 PNR을 작성하여 PNR Address(예약번호)를 적으시오.

승객	: 본인, 남자친구
노선	: 인천 - LA - 인천
항공사	: KE KE
날짜	: 7/01 7/29
전화번호	: 소속 여행사 승객 핸드폰 번호 010-777-8888
예약의뢰자	: 승객 본인
TKT	: 항공권 소지 승객

〈다음 빈칸에 위의 PNR을 완성하기 위한 지시어를 써본다.〉

4) 다음의 조건대로 PNR을 작성하여 PNR Address(예약번호)를 적으시오.

승객	: 1. 본인 2. 김혜수
여정	: 1. 11월 1일 서울 - 싱가폴, SQ(Y) 이용 2. 11월 15일 싱가폴 - 서울, SQ(Y) 이용(예약만 미확정, 오픈예약)
연락처	: 여행사 전화번호 02-726-4545 본인의 집 전화번호 031-232-3333
예약의뢰자	: 승객 본인
TKT	: 항공권 소지 승객

〈다음 빈칸에 위의 PNR을 완성하기 위한 지시어를 써본다.〉

5) 다음의 조건대로 PNR을 작성하여 PNR Address(예약번호)를 적으시오.

승객(3명)	: 본인, 정우성, 정아가(남아, 2013년 8월 1일생)
여정	: 4월 05일 서울-홍콩 ECONOMY CLASS (KE) 4월 23일 홍콩-서울 ECONOMY CLASS (KE)
전화번호	: 소속여행사 배용준 집 전화번호 02-333-3535
예약의뢰자	: 승객 본인
TKT	: 3월 1일까지 발권 예정

〈다음 빈칸에 위의 PNR을 완성하기 위한 지시어를 써본다.〉

제 7 장

예약기록(PNR)의 선택입력 항목 작성

1. FACT ELEMENTS(서비스 사항)

1) 특징

- PNR의 선택입력사항이다.
- 승객의 요청에 의해 항공사의 응답이 요구되는 특별서비스(SSR)와 승객에 관련된 정보사항을 입력하는 일반서비스(OSI)로 나뉘어진다.
- IATA 표준 Keyword(4letter code)를 사용하여 입력하며 시스템은 Keyword에 따라 자동적으로 특별서비스(SSR)와 일반서비스(OSI)를 구분한다.
- 승객의 제반 요구사항을 정확한 FORMAT을 사용하여 기록함으로써 관련 항공사의 운송 준비에 차질이 없도록 해야 한다.

특별서비스 (SSR: Special Service Request)	일반서비스 (OSI: Other Service Information)
• 승객의 요청사항이 공항**에서도** 알아야 연계서비스가 이루어질 수 있는 사항을 입력한다. • 승객의 요청에 의하여 항공사의 준비를 필요로 하는 것으로 항공사의 응답이 요구되는 서비스다.	• 승객에 관련된 정보를 항공사에 전달하고자 하는 것으로 항공사의 응답을 받을 필요가 없는 서비스다.

	지시어	기 능
1	SRVGML	특별서비스 기본지시어/야채식 신청
2	SR VGML /P1	1번 승객지정 야채식 신청
3	SRVGML/P2/S3-4	seg 3, 4번에 2번 승객을 위한 야채식 신청
4	OS LH ICE HOCKEY PLAYER/P2	기타 서비스정보 입력/항공사/자유 입력

2) SSR(특별서비스)(HE SR)

가. 기본지시어

- PNR 상의 전체승객에 전체 여정일 경우

```
SR VGML
```

1	SR	특별서비스 기본지시어
2	VGML	Meal code 야채식(Vegetarian)

```
RP/SELK13UA3/
4682-1558
RF JO INSUNGMR
  1. JUNG/HOJINMS
  2 KE 701 M 30DEC 1 ICNNRT HK1          0910 1125    773 E 0
    RTN CHKIN APPLICABLE FLT X PLZ INFO
    SEE RTSVC
  3 TK OK08JUL/SELK13UA3
  4 SSR VGML KE HK1/S2
```

나. 1번 승객(P), 전체 여정에 요청

```
SRVGML/P1
```

```
RP/SELK13UA3/
8197-3291
RF PAX
  1. HAN/BMR    2.JUNG/AMR
  3 KE 907 E 01SEP 7 ICNLHR HK2          1315 1725    77W E 0
    SEE RTSVC
  4 KE 908 M 30SEP 1 LHRICN HK2        4  1935 1420+1 77W E 0
    SEE RTSVC
  5 AP A02-123-5000 TPA TRVL MS JUNG
  6 AP M010-8458-9650/P1
  7 TK OK08JUL/SELK13UA3
  8 SSR VGML KE HK1/S3/P1
  9 SSR VGML KE HK1/S4/P1
```

다. 2번 승객(P), 3~4번 여정(S)에 요청

```
SRVGML/P2/S3-4
```

```
RP/SELK13UA3/
8197-3291
RF PAX
  1. HAN/BMR    2.JUNG/AMR
  3 KE 907 E 01SEP 7 ICNLHR HK2          1315 1725    77W E 0
    SEE RTSVC
  4 KE 908 M 30SEP 1 LHRICN HK2        4  1935 1420+1 77W E 0
    SEE RTSVC
  5 AP A02-123-5000 TPA TRVL MS JUNG
  6 AP M010-8458-9650/P1
  7 TK OK08JUL/SELK13UA3
  8 SSR VGML KE HK1/S3/P1
  9 SSR VGML KE HK1/S4/P1
 10 SSR VGML KE HK1/S3/P2
 11 SSR VGML KE HK1/S4/P2
```

〈특별서비스 Keyword〉

KEYWORD	내 용	KEYWORD	내 용
BBML	BABY MEAL(유아식)	INFT	INFANT (유아)
BSCT	BASSINET(아기바구니)	CHLD	CHILD(소아)
CHML	CHILD MEAL(소아식)	DBML	DIABETIC MEAL(당뇨식)
FQTV	FREQUNT TRAVELER MILLEAGE CARD	GRPF	GROUP FARE(단체운임)
GRPS	GROUPS(그룹동반 승객 수)	OTHS	OTHERS (기타사항)
SFML	SEA FOOD(해산물)	VGML	VEGETARIAN MEAL(야채식)

3) OSI(기타서비스)(HE OS)

OS KE ICE HOCKEY PLAYER/P2

1	OS	기타서비스 기본지시어
2	KE	항공사 코드
3	ICE HOCKEY PLAYER	정보내용
4	/P2	2번 승객

```
RP/SELK13UA3/
8197-3291
RF PAX
  1. HAN/BMR     2.JUNG/AMR
  3 KE 907 E 01SEP 7 ICNLHR HK2            1315 1725    77W E 0
    SEE RTSVC
  4 KE 908 M 30SEP 1 LHRICN HK2          4  1935 1420+1 77W E 0
    SEE RTSVC
  5 AP A02-123-5000 TPA TRVL MS JUNG
  6 AP M010-8458-9650/P1
  7 TK OK08JUL/SELK13UA3
  8 OSI KE ICE HOCKEY PLAYER/P2
```

〈기타 정보사항 입력 예〉

OS KE LCTC LAX HILTON HTL 123-333-3333 MS KIM	현지연락처 입력
OS CX PAX SPEAK ONLY KOREAN	승객의 정보
OS KE TCP9 WZ PNR NO 01234-4000	일행 PNR NO 입력

4) 추가기능(APIS(Advance Passenger Information System) 입력 확인 기능)

- 항공사 및 목적지(미주)에 따라 사전입국심사 정보인 APIS 입력은 필수 입력항목이다.
- 다수 승객의 PNR인 경우 APIS 항목을 입력하지 않은 승객을 확인할 수 있는 기능이다.

RTDOCS

```
> RTDOCS

RP/SELK13923/SELK13923            20/SU   21OCT13/0356Z    3YQRNP
* SSR DOCS MISSING LIST FOR PASSENGERS: *
1. JUNG/AAMS
4 KE 017 M 01DEC 7 ICNLAX HK3           1510 0910     *1A/E*
5 KE 018 M 20DEC 5 LAXICN HK3        B  1100 1740+1  *1A/E*
2. LEE/BBMS
4 KE 017 M 01DEC 7 ICNLAX HK3           1510 0910     *1A/E*
5 KE 018 M 20DEC 5 LAXICN HK3        B  1100 1740+1  *1A/E*
3. HUR/CCMR
4 KE 017 M 01DEC 7 ICNLAX HK3           1510 0910     *1A/E*
5 KE 018 M 20DEC 5 LAXICN HK3        B  1100 1740+1  *1A/E*
```

연습문제

1. 다음 서비스 사항 KEYWORD 중 유아와 관련이 없는 하나는?

① BBML ② BSCT ③ VGML ④ INFT

2. 다음 사항에 맞는 지시어를 쓰시오.

① 1번째 승객, 전 구간에 야채식 신청 지시어는?
② 3번째 승객, 두 번째 구간에 소아식 신청 지시어는?
③ 2번째 승객, 전 구간에 유아식 신청 지시어는?

3. 다음은 SSR(Special Service Request)에 대한 내용이다. 성격이 틀린 것은?

① 기본지시어는 SR로 시작한다.
② 반드시 항공사로부터 회신을 받아야 한다.
③ 입력하는 형식에 특별한 코드를 사용해야 한다.
④ 항공사가 여객 서비스를 제공하는 데 있어서 필요하다고 생각되는 승객과 관련된 정보들이 해당된다.

4. 다음 OSI(Other Service Information)에 대한 내용이다. 바르지 못한 것은 어느 것인가?

① 기본지시어는 OS이며 형식은 해당 항공사 입력 후 전달내용을 자유롭게 기술한다.
② PNR의 필수 입력사항으로 항공사로부터 회신을 받을 필요가 없다.
③ 항공사에 필요할 경우 참고사항으로 사용하라는 내용으로 특별한 형식은 없다.
④ 승객서비스에 필요한 정보를 항공사에 알려주고자 하는 내용을 입력한다.

5. 다음 내용 중 OSI에 해당되지 않는 것은 어느 것인가?

① 한국말만을 할 수 있다는 정보를 해당 항공사에 알려준다.

② 현지연락처를 해당 항공사에 알려준다.

③ 당뇨병이 있어 당뇨식을 해당 항공사에 요청한다.

④ 국회의원임을 해당 항공사에 알려준다.

2. REMARKS(HE RM, HE RC, HE RX)

1) 특징

- 직원 상호간에 업무연락을 위한 메시지 전달 시 사용한다.
- 예약 재확인이나 승객에게 필요한 정보를 전달하였을 경우 기재한다.
- 기타 해당 PNR에 관련된 제반 내용을 수록하여 PNR을 처리하는 직원들이 참조할 수 있도록 한다.
- PNR 생성완료 후에 입력한 RM 사항은 모두 History에 기록되므로 작업자 Sign과 입력시간을 확인할 수 있다.

	지시어	기 능
1	RM PAX NEEDS A VISA	일반 참조사항으로 PNR 조회가 가능한 모든 여행사가 볼 수 있다.
2	RC MOBILE PHONE NUMBER 010-123-3000/P2	입력한 여행사만이 볼 수 있고 수정이 가능함 (Cofidential Remarks)
3	RX BOOKING FEE APPLIED	Corporate Remarks를 입력한 여행사만 볼 수 있다.

2) GENERAL REMARKS 입력 지시어

RM PAX NEEDS A VISA /S3 /P1

1	RM	기본지시어
2	PAX NEEDS A VISA	입력 내용
3	S3	3번 여정
4	/P2	2번 승객

```
RP/SELK13UA3/
8197-3291
RF PAX
  1. HAN/BMR     2.JUNG/AMR
  3 KE 907 E 01SEP 7 ICNLHR HK2          1315 1725    77W E 0
     SEE RTSVC
  4 KE 908 M 30SEP 1 LHRICN HK2        4 1935 1420+1 77W E 0
    SEE RTSVC
  5 AP A02-123-5000 TPA TRVL MS JUNG
  6 AP M010-8458-9650/P1
  7 TK OK08JUL/SELK13UA3
  8 SSR RQST KE HK2 ICNLHR/42JN,P1/42HN,P2/S3   SEE RTSTR
  9 SSR NSSW KE NN2 LHRICN/S4    SEE RTSTR
 10 OSI KE ICE HOCKEY PLAYER/P2
 11 OPW SELK13UA3-10JUL:0100/1C7/KE REQUIRES TICKET ON OR BEFORE
          11JUL:0100/S3-4
 12 OPC SELK13UA3-11JUL:0100/1C8/KE CANCELLATION DUE TO NO
          TICKET/S3-4
 13 RM PAX NEEDS A VISA/S3/P1
```

☞ RM 지시어를 사용할 경우 한글 입력만으로도 가능하다.

3) COFIDENTIAL REMARKS 입력 지시어

```
RC MOBILE PHONE NUMBER 010-123-3000/P2
```

```
> RC MOBILE PHONE NUMBER 010-123-3000/P2

RP/SELK13UA3/
RF PAX
  1. HAN/PLUSMS    2.JUNG/TOPASMR
  3 KE 907 M 01SEP 7 ICNLHR HK2           1315 1725    77W E 0
    SEE RTSVC
  4 KE 908 M 30SEP 1 LHRICN HK2        4  1935 1420+1 77W E 0
    SEE RTSVC
  5 AP A01-123-3000 TOPAS TRVL MS KIM
  6 AP M010-2358-7558/P1
  7 TK OK15AUG/SELK13UA3
  8 RC SELK13UA3-W/MOBILE PHONE NUMBER 010-123-3000/P2
```

☞ RC 입력 시 다른 여행사의 Office ID를 세 개까지 입력할 수 있으며 지정된 여행사는 해당 내용을 볼 수 있다.

4) CORPORATE REMARKS 입력 지시어

```
RX BOOKING FEE APPLIED
```

```
RP/SELK13UA3/
RF PAX
  1.HAN/PLUSMS    2.JUNG/TOPASMR
  3  KE 907 M 01SEP 7 ICNLHR HK2          1315 1725    77W E 0
     SEE RTSVC
  4  KE 908 M 30SEP 1 LHRICN HK2       4  1935 1420+1 77W E 0
     SEE RTSVC
  5 AP A01-123-3000 TOPAS TRVL MS KIM
  6 AP M010-2358-7558/P1
  7 TK OK15AUG/SELK13UA3
  8 RC SELK13UA3-W/MOBILE PHONE NUMBER 010-123-3000/P2
  9 RX BOOKING FEE APPLIED
```

3. PRE-RESERVED SEAT(사전 좌석배정)(HE SEAT, HE ST)

1) 사전 좌석배정

항공사 좌석 예약 시 기내 좌석번호를 미리 지정해 주는 것을 사전 좌석배정이라 하며, Seat Map을 제공하는 항공사에 한해 사전 좌석배정이 가능하다.

	지시어	기 능
1	SM3	3번 여정의 Seat Map 조회
2	ST/29K/S3/P1	PNR에 여러 승객 중 한 명의 Seat 지정(승객번호 함께 지정)
3	ST/37EF	두 명 이상의 승객의 연결 Seat 지정
4	ST/A/S3-4/P1	좌석번호 입력 없이 복도 Seat 지정
5	SX/S3	좌석배정된 항목 삭제

2) 항공사별 SEAT MAP 기능 확인

지시어	기 능
GGPCAAF	해당 항공사(AF)에서 기능 제공여부 확인
GGAIRAFSEAT	항공사에서 제공하는 Seat Assign 정보 확인

가. 해당 항공사에서 기능 제공여부 확인

```
GGPCAAF
```

```
> GGPCAAF
PARTICIPATING CARRIER ACCESS AND FUNCTION LEVEL
AF  -  AIR FRANCE
                                         ALTEA RESERVATION :  YES
ACCESS INDICATOR :  /          RECORD LOCATOR RETURN :  ALL
LAST SEAT AVAIL INDIC :  /       CARRIER PREFERRED DISP :  ALL
STANDARD ACCESS :              BOOKING RANGE IN DAYS :  361
AMADEUS ACCESS SELL :  YES        INTERACTIVE SEAT MAP :  YES
DYNAMIC SCHEDULE UPD :  YES              INTERACTIVE ASR :  YES
NUMERIC AVAIL UPDATE :  YES              ASR DAYS/HOURS :  361/00
AMADEUS DYNAMIC AVAIL :  YES         BP ISSUE DAYS/HOURS :  361/03
DIRECT ACCESS :
PASSIVE SEGMENT:          PASSIVE NOTIFY:             PNR CLAIM:
SERVICE SEGMENT:          DELETE SEGMENT:             TICKETLESS:
MEAL VALIDATION:          FREQUENT FLYER: Y                 EPAY:
FOR DECODING ENTER :             E-TKT NBR TRANSMISSION:ALL
GGPCALDEC  (FOR MENU)        PAPER TKNB TRANSM. VIA FA:IND. ONLY
GGPCALDEC1 (FOR ACCESS)   PAPER TNB TRANSM. VIA FHA/FHM:ALL
GGPCALDEC2 (FOR FUNCTION)     OPERATIONAL MVT/DIV FLIFO:Y
```

나. 항공사에서 제공하는 SEAT ASSIGN 정보 확인

```
GGAIRAFSEAT
```

```
> GGAIRAFSEAT

                                          EN    2JUL12 1000Z
                                    UPDATED  BY  PARUGAF  -
 JH.UG .
SEAT MAP          : SEE SM TRANSACTION TYPING **  HE SM   **
--------------------------------------------------------------
SEAT REQUEST .
AFTER SM DISPLAY : SEE ST TRANSACTION TYPING **  HE ST  **
OR HE SEAT
IF NO SM DISPLAY : AIRIMP TRANSACTION CODES :
.
ST/NSST/P1   FOR NON-SMOKING SEAT
ST/NSSA/P1          //      AISLE   SEAT
ST/NSSB/P1          //      BULKHEAD SEAT
ST/NSSW/P1          //      WINDOW SEAT
: ALL AF FLIGHTS ARE NON-SMOKING FLIGHTS
.
ST/SMST/P1   FOR SMOKING SEAT
ST/SMSA OR SMSB OR SMSW       AS ABOVE
.
ON AF MEDIUM HAUL FLIGHTS                  02JUL2012    MS24
ON AF LONG HAUL FLIGHTS                    02JUL2012    MS35
```

3) PNR에서 SEAT ASSIGN

1단계	SM3	3번 여정의 Seat Map 조회
2단계	ST/29K/S3/P1	PNR에 여러 승객 중 한 명의 Seat 지정(승객번호 함께 지정)
	ST/37EF	두 명 이상의 승객의 연결 Seat 지정
	ST/A/S3-4/P1	좌석번호 입력 없이 복도 Seat 지정
삭제	SX/S3	좌석배정된 항목 삭제

〈1단계〉 SEAT MAP 조회

```
--- RLR ---
RP/SELK13923/SELK13923            20/SU   21OCT13/0211Z    3YPF7R
0902-2793
  1. JUNG/AAMS(INFHAN/CCMSTR/01MAY12)
  2. HAN/BBMSTR(CHD/01MAY09)
  3 TG 659 Y 01MAR 6 ICNBKK HK2          0935 1330    *1A/E*
  4 TG 692 Y 20MAR 4 BKKICN HK2          0715 1440    *1A/E*
  5 AP SEL 02-520-0694 - BAEKSEOK ARTS UNIVERSITY - A
  6 APM 010-123-3000/P1
  7 TK OK19DEC/SELK13923
  8 SSR INFT TG HK1 HAN/CCMSTR 01MAY12/S3/P1
  9 SSR INFT TG HK1 HAN/CCMSTR 01MAY12/S4/P1
 10 SSR CHLD TG HK1 01MAY09/P2
```

▼

```
SM3
```

☞ 3번 여정의 Seat Map 조회

```
> SM3

SM  TG  0659/Y/01MARICNBKK                              /S003/
SM  TG   0659   Y  01MAR  ICNBKK           773
    Y
    0          0             0   0              0         0  ①
    3          4             4   5              6         7  ②
    12345678901234          67890123456789     0123456789012 ③
    BB                       B                  B

K   CVVVVVVVVVVVV   K     /.......................-   K  /...........          K
J   IVVVVVVVVVVVV   J     /.......................-   J  /...........          J
H   VVVVVVVVVVVVV   H     /.....................        H   ...........-       H

F   CVVVVVVVVVVVV   F     C...................        F  .C.........           F
E   HV/V/VVVVVVVV   E     I...................          E   /I../...../        E
D   HV/V/VVVVVVVV   D     C.................           D   /C../...../         D

C   VVVVVVVVVVVVV   C     /...............             C      ......../        C
B   IVVVVVVVVVVVVV  B     /...............-            B  /........///         B
A   CVVVVVVVVVVVVV  A     /...............-            A  /........///         A
. AVAILABLE      WING      F GEN FACI   K GALLEY   E EXIT   C COT
+ OCCUPIED   - LAST OFF  H HANDICAP   Q QUIET    G GROUPS  P PET
/ RESTRICTED  B BULKHEAD  V PREF.SEAT  X BLOCKED  L LEGROOM U UMNR
() SMOKING  D DEPORTEE  UP UP-DECK  Z NO FILM  I INFANT  R REAR
```

☞ 상기 좌석 배치도는 비행기가 옆으로 뉘인 모양 즉 비행기 날개가 위아래에 있다고 가정하고 번호를 지정한다.

① 첫 번째 라인의 ① 0, 0, 0, 0, 0, 0-② 30, 40, 40, 50, 60, 70번대 라인을 표시하며, 그 아래에 ③ 8901234567890은 위의 20, 30, 40, 50번대 좌석번호의 일의 자릿수이다.

② 좌측의 알파벳은 좌석 배치도의 행을 나타내는 것이다.

③ 즉 ①, ②, ③이 조합되어 31A, 31B, 31C, 31D, 31E, 31F, 31H, 31J, 31K 등으로

표시된다.

③ .은 Available로 사전 좌석배정이 가능한 좌석으로 예를 들면 47K는 사전 좌석배정이 가능하다는 뜻이다.

〈2단계〉

ST/48JK

☞ PNR상의 모든 승객 좌석배정

```
> ST/48JK
--- RLR ---
RP/SELK13923/SELK13923              20/SU   21OCT13/0211Z    3YPF7R
0902-2793
  1.JUNG/AAMS(INFHAN/CCMSTR/01MAY12)
  2.HAN/BBMSTR(CHD/01MAY09)
  3  TG 659 Y 01MAR 6 ICNBKK HK2          0935 1330    *1A/E*
  4  TG 692 Y 20MAR 4 BKKICN HK2          0715 1440    *1A/E*
  5 AP SEL 02-520-0694 - BAEKSEOK ARTS UNIVERSITY - A
  6 APM 010-123-3000/P1
  7 TK OK19DEC/SELK13923
  8 SSR RQST TG HK2 ICNBKK/48KN,P2/48JN,P1/S3    SEE RTSTR
  9 SSR INFT TG HK1 HAN/CCMSTR 01MAY12/S3/P1
 10 SSR INFT TG HK1 HAN/CCMSTR 01MAY12/S4/P1
 11 SSR CHLD TG HK1 01MAY09/P2
```

4) SEAT MAP을 제공하지 않는 항공사의 사전 좌석배정

```
> GGPCAAI

PARTICIPATING CARRIER ACCESS AND FUNCTION LEVEL
AI  -  AIR INDIA LIMITED
ALTEA RESERVATION :
ACCESS INDICATOR :  /          RECORD LOCATOR RETURN :  ALL
LAST SEAT AVAIL INDIC :  /       CARRIER PREFERRED DISP :
STANDARD ACCESS :              BOOKING RANGE IN DAYS :  330
AMADEUS ACCESS SELL :  YES       INTERACTIVE SEAT MAP :
DYNAMIC SCHEDULE UPD :  YES             INTERACTIVE ASR :
NUMERIC AVAIL UPDATE :  YES             ASR DAYS/HOURS :   90/24
AMADEUS DYNAMIC AVAIL :  YES       BP ISSUE DAYS/HOURS :  000/00
DIRECT ACCESS :  AVL SCH PNR SMP

PASSIVE SEGMENT:          PASSIVE NOTIFY: Y           PNR CLAIM:
SERVICE SEGMENT:          DELETE SEGMENT:             TICKETLESS:
MEAL VALIDATION:          FREQUENT FLYER:                  EPAY:

FOR DECODING ENTER :                E-TKT NBR TRANSMISSION:ALL
GGPCALDEC  (FOR MENU)           PAPER TKNB TRANSM. VIA FA:ALL
GGPCALDEC1 (FOR ACCESS)  PAPER TNB TRANSM. VIA FHA/FHM:FHA ONLY
GGPCALDEC2 (FOR FUNCTION)      OPERATIONAL MVT/DIV FLIFO:Y
```

☞ Interactive Seat Map상에 BLANK일 경우 사전 좌석배정이 안 되는 항공사이다.

가. 기본지시어

```
ST/NSSW
```

☞ Non-Smoking Window Seat으로 요청

나. SEAT ASSIGN 기본 KEYWORD(HEST.316)

```
> HEST.316
                              ADVANCE SEAT            EN   30JUN11 0930Z
 SEAT WISH
 ---------
 WHEN ADVANCE SEAT RESERVATION IS NOT POSSIBLE, FOR EXAMPLE IF
 THE DEPARTURE DATE OF THE FLIGHT IS OUTSIDE THE DATE RANGE THAT
 IS SET BY THE AIRLINE, YOU CAN INDICATE SEATING PREFERENCE
 USING A SEAT WISH ENTRY.

 VALID SEATING PREFERENCE INDICATORS ARE:

 NSST  NON-SMOKING SEAT
 SMST  SMOKING SEAT                  NSSB  NON-SMOKING BULKHEAD SEAT
 RQST  SPECIFIC SEAT + SEAT NO.      SMSB  SMOKING BULKHEAD SEAT
 NSSA  NON-SMOKING AISLE SEAT        NSSW  NON-SMOKING WINDOW SEAT
 SMSA  SMOKING AISLE SEAT            SMSW  SMOKING WINDOW SEAT

 SEAT WISH FOR PASSENGERS ON ALL OR FIRST FIVE SEGMENTS,
 ENTER:          ST/SMST

 SEAT WISH WITH SPECIFIC SEAT NUMBER,
 ENTER:          ST/RQST/12F                  MD
```

4. FREQUENT FLYER NUMBER(상용고객 우대 제도)(HE FF)

1) 특징

- 항공사 마일리지 카드 회원번호 입력 기능이다.
- PNR에 해당 번호를 입력해 놓으면 Check-In 시 탑승 마일리지가 자동 누적되는 기능이다.
- 누적마일리지 실적에 따라 무임항공권을 제공하거나 좌석 승급 등 각종

서비스를 제공한다.

2) 조회 지시어

	지시어	기 능
1	FFAAF-1234567	항공사에서 FQTV 정보를 제공하는 경우 마일리지 회원번호를 입력하는 지시어로 FQTV와 승객명이 자동 입력된다.
2	FFNAA-22223333/P1	항공사에서 FQTV 정보를 제공하지 않는 경우 마일리지 회원번호를 입력하는 지시어로 승객명 입력 이후 FFN을 입력한다(P1: 승객번호).
3	FFNAA-2223333,AA,BA	탑승 항공사와 회원 가입 항공사가 다른 경우 입력한다(AA: 가입항공사, BA: 탑승항공사).
4	FFDAF-1234567	마이리지 카드 조회
5	VFFD KE	KE와 마일리지 협정 제휴 항공사 리스트 조회

3) 항공사에서 FQTV 정보를 제공하는 회원번호 입력

```
FFA6X-1234567
```

☞ 6X항공사의 회원번호 입력

```
> FFA6X-1234567

RP/SELK13UA3/
  1.MARSHALL/DAVID MR
  2 *SSR FQTV YY HK/ 6X1234567
```

☞ 카드번호와 함께 승객의 이름도 함께 PNR에 입력됨을 알 수 있다.

4) 항공사에서 FQTV 정보를 제공하지 않는 회원번호 입력

```
FFNAA-2223333
```

☞ 승객명을 먼저 입력한 후 회원번호 입력

5) 마일리지 카드 조회

```
FFD6X-1234567
```

```
> FFD6X-1234567

1234567
MARSHALL/DAVID  MR
EMERALD
```

6) 탑승 항공사와 마일리지 가입 항공사가 다른 경우 회원번호 입력

```
FFNAA-2223333,AA,BA
```

☞ 회원가입은 AA, 탑승항공사는 BA인 경우

```
> FFNAA-2223333,AA,BA

--- SFP ---
RP/SELK13UA3/
  1.JUNG/TESTMS
  2  BA  278  Y  01SEP  7  LAXLHR  HK1           B   1535  0955+1  744  E  0
     SEE  RTSVC
  3 SSR  FQTV  AA  HK/  AA2223333
  4 SSR  FQTV  BA  HK/  AA2223333
```

7) 특정항공사와 마일리지 협정이 맺어져 있는 항공사 리스트 조회

```
VFFDKE
```

☞ 확인하고자 하는 항공사(KE) 코드 입력

```
> VFFDKE

VFFDKE

FF AGREEMENTS                                    KE AGREEMENTS: 024
----------------------------------------------------
KE.  / AE. AF. AM. AR. AS. AZ. CI. CZ. DL. EK. FM. GA. KL. KQ.
       ME. MF. MU. NW. OK. RO. SU. SV. UX. VN.
```

〈참고〉

- SKYPASS

스카이패스는 항공여행을 자주하시는 상용 고객에게 대한항공 및 제휴사 이용에 대한 사은의 뜻으로 무상으로 마일리지를 적립하고 항공기의 여유 좌석을 이용하여 보너스 항공권, 좌석 승급 보너스 등의 혜택을 제공받을 수 있는 상용고객우대제도이다. 각 항공사별로 고유회원제도를 운영하고 있으며, 항공사 간 제휴를 통해 마일리지 적립 및 요금할인 등 보다 다양한 혜택을 제공하고 있다.

-SKYPASS 회원사

- STAR ALLIANCE 회원사

제 8 장

PNR의 완료 및 조회

1. PNR 작성의 완료

- PNR 작성을 마치고 나면 Main Computer에 저장하여야 한다.
- 저장이 되기 이전까지는 작업자의 작업장에만 작업을 하던 PNR이 나타나지만 저장을 마치게 되면 누구나 해당 PNR을 조회할 수 있다.
- PNR의 저장 완료를 "End Of Transaction"이라 하며 저장 완료가 성공적으로 이루지면 해당 PNR의 저장위치를 나타내는 PNR Address가 주어진다.

1) END OF TRANSACTION

```
ET
```

```
--- SFP ---
RP/SELK13UA3/
5311-8661
RF PSGR
  1.JUNG/TESTMS
  2  BA 278 Y 01SEP 7 LAXLHR HK1         B  1535 0955+1 744 E 0
     SEE RTSVC
  3 AP A02-111-3333 ABC TRVL MS HUR
  4 AP M010-333-5555
  5 TK OK08JUL/SELK13UA3
  6 SSR FQTV BA HK/ AA2223333

> ET
Executing File Finishing...

> ET
END OF TRANSACTION COMPLETE - 2AEDRT - KE/5311-8661
```

☞ 상기와 같이 End Of Transaction이 성공적으로 수행되면 PNR이 숫자 8자리 Address로 Main Computer에 보관된다. 만약 PNR에 Error가 있는 경우 Error 응답이 나타나고 PNR Address는 주어지지 않는다(위 작업수행 후 단말기의 작업장은 다른 예약을 접수할 수 있는 상태가 된다).

2) END OF TRANSACTION과 REDISPLAY의 동시작업

```
ER
```

```
> ER
Executing File Finishing...

> ER
RANDOM RESERVATION NUMBER RECOMMENDED:5812-4661

> ER
--- RLR ---
RP/SELK13UA3/SELK13UA3          LQ/SU   7JUL13/2049Z   2AEF74
5812-4661
  1.HAN/TOPASMR
  2  OZ 541 Y 01SEP 7 ICNFRA HK1          1230 1700    *1A/E*
  3 AP A02-123-3000 HANA TRVL KIM
  4 AP M010-555-6666
  5 TK OK08JUL/SELK13UA3
```

☞ 상기 조회는 ET를 하고 다시 PNR을 조회한 결과와 같은 것으로 Name Element 위에 Booking Office 및 날짜 그리고 PNR Address가 나타난다.

3) 사용 가능한 예약번호 List 확인

가. 예약번호를 변경하고자 하는 경우

```
RSVN/2222-4444
```

☞ RSVN/ 변경하고자 하는 예약번호

```
RESERVATION NUMBER IS CHANGED TO 2222-4444
```

나. 변경하고자 하는 예약번호가 중복된 경우 사용 가능한 번호 조회 방법

- 일반적인 Standard List 조회

```
LRN/00000002
```

☞ 해당 번호 기준으로 사용 가능한 List 10개 조회 시

- 대체가능한 Alternative List 조회

```
LRN/00000002/A
```

☞ 해당 번호 기준으로 사용 가능한 List 10개 조회 시

- 예약번호 선택

```
RN/2
```

☞ 해당 Line 번호 선택

2. PNR 판독

```
--- RLR ---
RP/SELK13UA3/SELK13UA3          LQ/SU   7JUL13/2054Z   2AEIVK
2032-6002
 1. KIM/TESTMS
 2 KE 651 M 30SEP 1 ICNBKK HK1          1740 2110   *1A/E*
 3 KE 660 M 15OCT 2 BKKICN HK1          0135 0905   *1A/E*
 4 AP A02-123-5000 TPA TRVL MS KIM
 5 AP M010-111-2222
 6 TK OK08JUL/SELK13UA3
 7 OPW SELK13UA3-06AUG:0600/1C7/KE REQUIRES TICKET ON OR BEFORE
        07AUG:0600/S2-3
 8 OPC SELK13UA3-07AUG:0600/1C8/KE CANCELLATION DUE TO NO
        TICKET/S2-3
```

☞ 화면에 보여주는 순서대로

--RLR(Record Locator Return)---PNR Header

PNR 생성장소(QUEUING OFFICE), AGENT SIGN/DUTY CODE, 예약 작성 날짜 및 시간

예약번호
1. NAME FIELD
2. ITINERARY FIELD
3. ITINERARY FIELD
4. FONE FIELD
5. FONE FIELD
6. TICKETING TIME LIMIT FIELD
   TKTL18JAN/1800 : TL 시간 지정
   TKTL : TL 날짜가 지나면 SEG는 유지되며 Q8번으로 보내진다.
   TKXL : TL이 지나면 SEG는 취소됨. 발권 이후는 TKOK로 변경된다.
   TKOK : 즉시 발권할 PNR인 경우 표시된다.
7. KE 항공의 경우 QUEUE 선택표시를 사용하는 항공사이므로 예약 완료 후 OPW, OPC 항목이 보여진다. 항공사마다 사용여부는 상이하므로 예약 후 OPW, OPC 조회여부를 확인한다.
   OPW - OPTIONAL WARNING ELEMENTS
   OPC - OPTIONAL CANCELLATION ELEMENTS

〈참고〉 PNR 조회를 위한 Phonetic Alphabet

예약업무 수행 시 전화상의 영문자에 대한 의사소통을 보다 원활하게 하기 위해 국제민간항공기구(ICAO: International Civil Aviation Organization)가 권장하는 음성 알파벳(Phonetic Alphabet)을 사용한다.

LETTER	PHONETIC ALPHABET
A	ALPHA
B	BRAVO
C	CHARLIE
D	DELTA
E	ECHO
F	FOXTROT
G	GOLF
H	HOTEL
I	INDIA

LETTER	PHONETIC ALPHABET
J	JULIET
K	KILO
L	LIMA
M	MICHLE
N	NOVEMBER
O	OSCAR
P	PAPA
Q	QUEBEK
R	ROMEO
S	SIERA
T	TANGO
U	UNIFORM
V	VICTOR
W	WHISKY
X	X-RAY
Y	YANKEE
Z	ZULU

3. PNR 조회

- 완성된 예약기록은 Main Computer에 보관되어 있다가 여정의 변경, 취소 또는 예약 재확인 등 다양한 이유로 찾아보게 된다.

1) 조회 지시어

가. PNR 조회

	지시어	기 능
1	RT2AEDRT 혹은 RT5311-8661	PNR 번호를 이용한 조회
2	RT/JUNG/TEST 혹은 RT/JUNG/T	승객성명을 이용한 조회
3	RT/10DEC-KANG	출발일 및 승객성명을 이용한 조회
4	RL	항공사 자체 PNR 조회
5	RO	조회한 List 재조회

2) PNR ADDRESS를 이용한 조회

RT 2AEDRT	**혹은**	**RT5311-8661**

```
> RT5311-8661

--- RLR SFP ---
RP/SELK13UA3/SELK13UA3            LQ/SU    7JUL13/2047Z    2AEDRT
5311-8661
  1.JUNG/TESTMS
  2  BA 278 Y 01SEP 7 LAXLHR HK1        B  1535 0955+1 *1A/E*
  3 AP A02-111-3333 ABC TRVL MS HUR
  4 AP M010-333-5555
  5 AP H031-222-3333
  6 TK OK08JUL/SELK13UA3
  7 SSR FQTV BA HK/ AA2223333
```

3) 승객 성을 이용한 조회

RT/KIM	▶	**RT1**

```
> RT/KIM
RT/KIM
  1 KIM/HYUNJOONMR          NO ACTIVE ITINERARY              Z87NJ3
  2 KIM/SOOROMR           KE  643  M  20MAR  ICNSIN     3 Z997KN
  3 KIM/TESTMS            KE  651  M  30SEP  ICNBKK     1 2AEIVK
  4 KIMSOO/BEANMS          NO ACTIVE ITINERARY              Z87NJ3
```

4) 승객성명의 일부만 이용한 조회

RT/KANG/S	▶	**RT1**

☞ 찾고자 하는 승객의 전체 성명을 모르는 경우 성명의 일부만 입력하면 유사 명단이 보여지므로 해당 명단에서 선택 조회한다.

```
> RT/KANG/S
RT/KANG/S
 1 KANG/SEUNGMINMR    LH  713  Y  21MAR  ICNFRA   2 3C9U2K
 2 KANG/SORA MS       KE  129  G  21MAR  ICNAKL  10 3UEI8L
 3 KANG/SUMIN         SQ  603  Y  10MAR  ICNSIN   2 3PEHG9
 4 KANG/SUMINMS       NO ACTIVE ITINERARY           3C6U3T
 5 KANG/SUMINMS       CX  417  L  10JAN  ICNHKG  15 3PKOMA
 6 KANG/SUMIN MS      KE  604  Y  20JAN  HKGICN   1 3PJU5X
 7 KANG/SUMINMS       KE  121  G  20FEB  ICNSYD  10 3UI5Z3
 8 KANG/SUMINMS       KE  121  G  21FEB  ICNSYD  15 3UIK4G
 9 KANG/SUMINMS       SQ  603  Y  10MAR  ICNSIN   2 3PEI2J
10 KANG/SUMINMS       LH  713  Y  22MAR  ICNFRA   1 3C7S9Q
11 KANG/SUMINMS       BA  18   Y  05MAY  ICNLHR   2 3C59WZ
12 KANG/SUMINMS       BA  18   Y  10MAY  ICNLHR   3 3JOPRC
13 KANG/SUMINMS       BA  18   Y  12MAY  ICNLHR   1 3JOUTE
14 KANG/SUNYOUNGMS    CX  415  N  01APR  ICNHKG  15 3MXUR6
```

```
> RT1
--- RLR ---
RP/SELK13923/SELK13923            M7/SU   23SEP13/0752Z    3C9U2K
0975-0343
  1.KANG/SEUNGMINMR     2.JANG/DONGGKEANMR
  3  LH 713 Y 21MAR 5 ICNFRA HL2            1500 1900    *1A/E*
  4  LH 712 Y 27MAR 4 FRAICN HK2         1  1755 1225+1 *1A/E*
  5 AP 02-520-0690 MR KANG/SM
  6 TK OK23SEP/SELK13923
```

5) 출발일 및 승객성명을 이용한 조회

RT/01SEP-JUNG ▶ RT2

```
> RT/01SEP-JUNG
RT/01SEP-JUNG
  1 JUNG/HOJINMS          UA  892  Y  01SEP  ICNSFO   1 Z95JGF
  2 JUNG/TESTMS           BA  278  Y  01SEP  LAXLHR   1 2AEDRT
```

6) 기타지시어

RT/1-JUNG	예약가능편 조회 후 1번 항공편지정 승객명으로 조회
RTKE621/10DEC-KANG	편명, 출발일 및 승객성명을 이용한 조회

제 9 장

SPLITTING PNR

1. PNR SPLIT란?

1) 특징

- 완성된 PNR 구성원 중 일부 구성원의 여정의 추가, 취소, 변경되는 경우에 사용하는 기능이다.
- 한 개의 PNR을 두 개 이상의 PNR로 분리시키는 작업이다.

2) PNR SPLIT 순서

1단계	RT0966-4940	해당 PNR 조회
2단계	SP2 혹은 SP2,4-5	해당 승객 분리(2번, 2, 4번부터 5번)
3단계	RFP	Recived From 사항 입력
4단계	EF	중간 저장
5단계	RFP	최초의 PNR 조회 후 Recived From 사항 입력
6단계	ER	완성
7단계	RTAXR	관련 Spliting PNR상의 승객 List를 보여준다.
8단계	RT1	

〈1단계〉

```
--- RLR ---
RP/SELK13923/SELK13923              20/SU  27OCT13/0626Z   336WIU
0966-4940
 1.JUNG/AAMS    2.SONG/BBMR    3.KANG/DDMR
 4  KE 657 Y 01JAN 3 ICNBKK HK3          0900 1300    *1A/E*
 5  KE 654 Y 10JAN 5 BKKICN HK3          0015 0720    *1A/E*
 6 AP SEL 02-520-0694 - BAEKSEOK ARTS UNIVERSITY - A
 7 APM 010-123-3000/P1
 8 TK OK27OCT/SELK13923
 9 OPW SELK13923-25NOV:1600/1C7/KE REQUIRES TICKET ON OR BEFORE
        26NOV:1600/S4-5
10 OPC SELK13923-26NOV:1600/1C8/KE CANCELLATION DUE TO NO
        TICKET/S4-5
```

〈2단계〉

```
> SP2

--- RLR ---
-ASSOCIATE PNR-
RP/SELK13923/SELK13923              20/SU  27OCT13/0626Z   XXXXXX
 1. SONG/BBMR
 2 KE 657 Y 01JAN 3 ICNBKK HK1          0900 1300    *1A/E*
 3 KE 654 Y 10JAN 5 BKKICN HK1          0015 0720    *1A/E*
 4 AP SEL 02-520-0694 - BAEKSEOK ARTS UNIVERSITY - A
 5 TK OK27OCT/SELK13923
 6 OPW SELK13923-25NOV:1600/1C7/KE REQUIRES TICKET ON OR BEFORE
        26NOV:1600/S2-3
 7 OPC SELK13923-26NOV:1600/1C8/KE CANCELLATION DUE TO NO
        TICKET/S2-3
 * SP 27OCT/20SU/SELK13923-336WIU
```

〈3단계〉

```
> RFP
--- RLR ---
-ASSOCIATE PNR-
RP/SELK13923/SELK13923          20/SU   27OCT13/0626Z    XXXXXX
RF P
 1. SONG/BBMR
 2 KE 657 Y 01JAN 3 ICNBKK HK1            0900 1300    *1A/E*
 3 KE 654 Y 10JAN 5 BKKICN HK1            0015 0720    *1A/E*
 4 AP SEL 02-520-0694 - BAEKSEOK ARTS UNIVERSITY - A
 5 TK OK27OCT/SELK13923
 6 OPW SELK13923-25NOV:1600/1C7/KE REQUIRES TICKET ON OR BEFORE
        26NOV:1600/S2-3
 7 OPC SELK13923-26NOV:1600/1C8/KE CANCELLATION DUE TO NO
        TICKET/S2-3
 * SP 27OCT/20SU/SELK13923-336WIU
```

〈4단계〉

```
> EF
WARNING: KE REQUIRES TICKET ON OR BEFORE 26NOV:1600/S2-3
> EF
--- RLR ---
-PARENT PNR-
RP/SELK13923/SELK13923             20/SU   27OCT13/0626Z    336WIU
0966-4940
 1. JUNG/AAMS     2.KANG/DDMR
 3 KE 657 Y 01JAN 3 ICNBKK HK2            0900 1300    *1A/E*
 4 KE 654 Y 10JAN 5 BKKICN HK2            0015 0720    *1A/E*
 5 AP SEL 02-520-0694 - BAEKSEOK ARTS UNIVERSITY - A
 6 APM 010-123-3000/P1
 7 TK OK27OCT/SELK13923
 8 OPW SELK13923-25NOV:1600/1C7/KE REQUIRES TICKET ON OR BEFORE
        26NOV:1600/S3-4
 9 OPC SELK13923-26NOV:1600/1C8/KE CANCELLATION DUE TO NO
        TICKET/S3-4
 * SP 27OCT/20SU/SELK13923-336W7I
```

☞ 위와 같은 경고 메시지가 뜨는 항공사일 경우 한 번 더 EF을 하여야 한다.

〈5단계〉

```
> RFP
--- RLR ---
-PARENT PNR-
RP/SELK13923/SELK13923            20/SU   27OCT13/0626Z    336WIU
0966-4940
RF P
 1. JUNG/AAMS    2.KANG/DDMR
 3  KE 657 Y 01JAN 3 ICNBKK HK2            0900 1300    *1A/E*
 4  KE 654 Y 10JAN 5 BKKICN HK2            0015 0720    *1A/E*
 5 AP SEL 02-520-0694 - BAEKSEOK ARTS UNIVERSITY - A
 6 APM 010-123-3000/P1
 7 TK OK27OCT/SELK13923
 8 OPW SELK13923-25NOV:1600/1C7/KE REQUIRES TICKET ON OR BEFORE
        26NOV:1600/S3-4
 9 OPC SELK13923-26NOV:1600/1C8/KE CANCELLATION DUE TO NO
        TICKET/S3-4
 * SP 27OCT/20SU/SELK13923-336W7I
```

〈6단계〉

```
> ER
WARNING: KE REQUIRES TICKET ON OR BEFORE 26NOV:1600/S3-4
> ER
--- AXR RLR ---
RP/SELK13923/SELK13923            20/SU   27OCT13/0632Z    336WIU
0966-4940
 1. JUNG/AAMS    2.KANG/DDMR
 3  KE 657 Y 01JAN 3 ICNBKK HK2            0900 1300    *1A/E*
 4  KE 654 Y 10JAN 5 BKKICN HK2            0015 0720    *1A/E*
 5 AP SEL 02-520-0694 - BAEKSEOK ARTS UNIVERSITY - A
 6 APM 010-123-3000/P1
 7 TK OK27OCT/SELK13923
 8 OPW SELK13923-25NOV:1600/1C7/KE REQUIRES TICKET ON OR BEFORE
        26NOV:1600/S3-4
 9 OPC SELK13923-26NOV:1600/1C8/KE CANCELLATION DUE TO NO
        TICKET/S3-4
 * SP 27OCT/20SU/SELK13923-336W7I
```

☞ 위와 같은 경고 메시지가 뜨는 항공사일 경우 한 번 더 ER을 하여야 한다.

〈7단계〉 분리된 ORIGIN PNR 조회 지시어

```
RTAXR
```

☞ 분리된 PNR 양쪽 모두 HEAD에 –AXR– 생성되며 RTAXR로 PNR 확인 가능

```
> RTAXR

  AXR FOR PNR:                                336WIU    27OCT 1534
  1.JUNG/AAMS      2      *
  2.KANG/DDMR      2      *
  3.SONG/BBMR      1    336W7I
```

〈8단계〉 해당 승객 PNR 조회

```
> RT2

--- AXR RLR ---
RP/SELK13923/SELK13923          20/SU  27OCT13/0632Z   336WIU
0966-4940
 1. JUNG/AAMS   2.KANG/DDMR
 3 KE 657 Y 01JAN 3 ICNBKK HK2        0900 1300   *1A/E*
 4 KE 654 Y 10JAN 5 BKKICN HK2        0015 0720   *1A/E*
 5 AP SEL 02-520-0694 - BAEKSEOK ARTS UNIVERSITY - A
 6 APM 010-123-3000/P1
 7 TK OK27OCT/SELK13923
 8 OPW SELK13923-25NOV:1600/1C7/KE REQUIRES TICKET ON OR BEFORE
        26NOV:1600/S3-4
 9 OPC SELK13923-26NOV:1600/1C8/KE CANCELLATION DUE TO NO
        TICKET/S3-4
 * SP 27OCT/20SU/SELK13923-336W7I
```

3) PNR상에 2, 4, 5번 승객 분리

SP2,4-5

```
 > RT3075-5851

--- RLR ---
RP/SELK13UA3/SELK13UA3          AA/SU  25FEB13/0635Z   6VJT3M
3075-5851
 1. HONG/GILDONGMR    2.YOON/MINSOOMR    3.PARK/MINJIMS
 4. KIM/SUNGJOOMR    5.SONG/JONGKUKMR
 6 KE 723 Y 30SEP 1 ICNKIX HK5          0905 1050   *1A/E*
 7 AP 02-751-7741 TOPAS TOUR
 8 AP M010-3121-1234/P2
 9 TK OK25FEB/SELK13UA3
10 OPW SELK13UA3-10APR:1800/1C7/KE REQUIRES TICKET ON OR BEFORE
11 APR:1800/S6
11 OPC SELK13UA3-11APR:1800/1C8/KE CANCELLATION DUE TO NO
   TICKET/S6

> SP2,4-5

--- RLR ---
-ASSOCIATE PNR-
RP/SELK13UA3/SELK13UA3          AA/SU  25FEB13/0635Z   XXXXXX
1. YOON/MINSOOMR    2.KIM/SUNGJOOMR    3.SONG/JONGKUKMR
4 KE 723 Y 30SEP 1 ICNKIX HK3          0905 1050   *1A/E*
5 AP 02-751-7741 TOPAS TOUR
6 AP M010-3121-1234/P1
7 TK OK25FEB/SELK13UA3
8 OPW SELK13UA3-10APR:1800/1C7/KE REQUIRES TICKET ON OR BEFORE
  11APR:1800/S4
9 OPC SELK13UA3-11APR:1800/1C8/KE CANCELLATION DUE TO NO
  TICKET/S4
* SP 25FEB/AASU/SELK13UA3-6VJT3M
```

4) GROUP PNR상에 이름 미입력 승객 중 2명과 입력 2, 3번 승객 분리

SP0.2,2-3

```
>RT7972-0184

RP/SELK13UA3/SELK13UA3            AA/SU   25FEB13/0643Z    6VJUTS
7972-0184
0. 12ASIA TOUR   NM: 3   (NO NAME 12명,실제 승객명 3명 입력됨)
4  KE 651 G 15SEP 7 ICNBKK HN15          1740 2110    *1A/E*
5  KE 652 G 30SEP 1 BKKICN HN15          2240 0600+1 *1A/E*
6 AP 02-751-7741 TOPAS TOUR
7 AP M010-3141-5324 KIM/GUIDE MR
8 TK TL25FEB/SELK13UA3
9 SSR GRPF KE YGV15 ICNBKKICN KRW500000
------------------------------------------------------------------------------------------
RTN (입력된 실제 승객명단 확인)
RP/SELK13UA3/SELK13UA3            AA/SU   25FEB13/0643Z    6VJUTS
7972-0184
0. 12ASIA TOUR   NM: 3
BKD:15                 CNL: 0                 SPL: 0
1. HONG/GILDONGMR    2.YOON/MINSOOMR    3.PARK/MINJIMS
---------------------------------------------
> SP0.2,2-3 (NO NAME 2명과 2,3번 승객 분리)


--- RLR ---
-ASSOCIATE PNR-
RP/SELK13UA3/SELK13UA3            AA/SU   25FEB13/0643Z    XXXXXX
0.  2ASIA TOUR   NM: 2
3  KE 651 G 15SEP 7 ICNBKK HN4          1740 2110    *1A/E*
4  KE 652 G 30SEP 1 BKKICN HN4          2240 0600+1 *1A/E*
5  AP 02-751-7741 TOPAS TOUR
```

```
6 AP M010-3141-5324 KIM/GUIDE MR
7 TK TL25FEB/SELK13UA3
8 SSR GRPF KE YGV15 ICNBKKICN KRW500000
9 SSR GRPS YY TCP 15 ASIA TOUR
* SP 25FEB/AASU/SELK13UA3-6VJUTS

> RTN (분리된 승객명단 확인)
RP/SELK13UA3/SELK13UA3          AA/SU   25FEB13/0643Z    XXXXXX
0.  2ASIA TOUR   NM: 2
BKD: 4              CNL: 0              SPL: 0
1.YOON/MINSOOMR     2.PARK/MINJIMS
```

5) SPLIT ACTION 시의 주의사항

① 화면에 Display되어 작업진행 중인 PNR은 그 작업을 종료하거나 IG한 후 다시 PNR을 RT하여 Split 작업을 시작해야 한다.

② 완성되지 않은 PNR은 Split할 수 없다.

③ Split란 하나의 PNR을 두 개로 나누는 작업이며, 완성되지 않은 상태에서 승객의 여정이 각기 다르다면 두 개의 PNR을 별도로 작성하면 된다.

④ 승객이 연결되어 있는 전화번호나, 기타 항목은 PNR 분리 시 각기 해당 승객이 있는 PNR에만 남는다.

⑤ Split 시 Original PNR을 ER(종료)하기 전까지는 PNR의 작업이 종료되지 않은 상태이므로 도중에 IG하면 Split 작업 전의 PNR로 환원된다.

⑥ 호텔, 렌트카 Seg가 있는 경우는 호텔 Seg를 먼저 취소하고 ET를 진행한 후 PNR을 RT하여 Split 작업을 수행한다.

⑦ KE 이외의 항공사가 있는 PNR을 Split하는 경우에는 각 항공사에 처리내용 반영 여부를 유선상으로 확인하는 것이 좋다.

연습문제

1. 다음의 조건으로 승객의 PNR을 작성하고, 배용준 승객의 복편 예약을 4월 25일로 변경, SPLIT하는 작업을 순서대로 나열하시오.

(예약 변경자	: 승객 본인, BOOKING CLASS 준수, 왕복여정)
승객 (2명)	: 배용준, 손예진, 배유아(남아, 2009년 1월 1일생)
여정	: 4월 05일 서울 – 홍콩 ECONOMY CLASS (KE) 4월 23일 홍콩 – 서울 ECONOMY CLASS (KE)
전화번호	: 토파스 여행사 전화번호 02-123-5000
발권시한	: 항공권 소지자

〈스스로 예약을 수기로 써봅니다.〉

2. NON HOMOGENEOUS PNR(NHP)

- PNR 작성 시 특정 구간에 대해 예약된 전체 승객이 아닌 일부 승객만 이용하는 경우 사용할 수 있는 기능이다.
- 여정 중 일부 구간에 대해 승객의 숫자와 여정의 좌석 수가 불일치한 상태로 PNR을 작업하는 기능이다.
- PNR 완성 후에는 SPLIT의 경우와 마찬가지로 해당 승객의 PNR이 별도로 분리되어 저장된다.
- PNR HEADER에 ***NHP***라는 TAG와 AXR(Associated Cross-Reference Record) 정보가 생성된다.

〈사례〉

승객명 : HONG/GILDONGMR, HONG/GILSOONMS 연락처 : 010-4321-1234 여정 : 9/30 SEL-BKK KE651, Y class 10/05 BKK-SEL KE660, Y class (HONG/KILSOONMR 승객만 예약)

	지시어	내 용
1	NM1HONG/GILDONGMR NM1HONG/GILSOONMS	성명 입력
2	AN30SEPSELBKK/AKE SS2Y1 ACR05OCT SS1Y1	여정 입력
3	4/P2	4번 항목/승객번호 2 연결
4	APM010-4321-1234	전화번호 입력
5	RFPAX	Recieved From 입력
6	TKTL10SEP	발권시한 입력
7	ER → ER	저장 후 재조회(반복)
8	RT2	2번 승객 PNR 보기
9	RTAXR	연결 PNR 목록보기
10	RT1	1번 승객 PNR 보기

1)

```
> NM1HONG/GILDONGMR1HONG/GILSOONMS

RP/SELK13UA3/
  1. HONG/GILDONGMR     2. HONG/GILSOONMS
```

2)

```
> SS1Y1
                              ***   NHP   ***
RP/SELK13UA3/
  1. HONG/GILDONGMR     2.HONG/GILSOONMS
  3 KE 651 Y 30SEP 1 ICNBKK HK2          1740 2110    744 E 0
       7/ DUTY FREE SALES
  4 KE 660 Y 05OCT 6 BKKICN HK1          0135 0905    333 E 0
    BKK APO KE CHKIN COUNTER NBR.
    6J K L M OF 6TH ROW 3RD FL OF TERM1.
       7/ DUTY FREE SALES
```

3)

```
> 4/P2
                              ***   NHP   ***
RP/SELK13UA3/
  1. HONG/GILDONGMR     2.HONG/GILSOONMS
  3 KE 651 Y 30SEP 1 ICNBKK HK2          1740 2110    744 E 0
       7/ DUTY FREE SALES
  4 KE 660 Y 05OCT 6 BKKICN HK1          0135 0905    333 E 0
    /P2
    BKK APO KE CHKIN COUNTER NBR.
    6J K L M OF 6TH ROW 3RD FL OF TERM1.
       7/ DUTY FREE SALES
```

4)

```
> ER

  AXR FOR PNR:                          ***NHP***   08JUL 0638
  1.HONG/GILDONG- 1      2AE8S2
  2.HONG/GILSOON- 1      2AE8S3
```

☞ AXR(Associated Cross-Reference Record) 정보가 표시되었으며, PNR이 각각 분리되어 생성되었다.

5)

```
> RT2

--- AXR RLR ---
RP/SELK13UA3/SELK13UA3              LQ/SU    7JUL13/2138Z    2AE8S3
  1. HONG/GILSOONMS
  2 KE 651 Y 30SEP 1 ICNBKK HK1          1740 2110    *1A/E*
  3 KE 660 Y 05OCT 6 BKKICN HK1          0135 0905    *1A/E*
  4 AP A02-123-4000 BBB TRVL
  5 AP M010-222-3333
  6 TK OK08JUL/SELK13UA3
  7 OPW-06AUG:0700/1C7/KE REQUIRES TICKET ON OR BEFORE
        07AUG:0700/S2-3
  8 OPC-07AUG:0700/1C8/KE CANCELLATION DUE TO NO TICKET/S2-3
  * SP 07JUL/LQSU/SELK13UA3-NHP PROC
```

☞ SEL/BKK/SEL로 여정이 생성되었으며, [* SP 05FEB/AAGS/SELK13UA3-NHP PROC] 내용이 하단에 저장된다.

* SP : PNR이 분리(Split)되었음 / 24MAY : 분리 일자
AAGS : AA - Agent Sign, GS - Duty Code
SELK13UA3 : 작업한 Office ID
NHP PROC : NHP 작업에 따라 PNR이 분리되었음을 표시함

6)

```
> RTAXR

AXR FOR PNR:                                  2AE8S3    08JUL 0640
1. HONG/GILDONG- 1      2AE8S2
2. HONG/GILSOON- 1        *
```

☞ Cross-Reference PNR 목록이 표시되었다.

7)

```
> RT1

--- AXR RLR ---
RP/SELK13UA3/SELK13UA3              LQ/SU   7JUL13/2138Z   2AE8S2
  1. HONG/GILDONGMR
  2 KE 651 Y 30SEP 1 ICNBKK HK1          1740 2110    *1A/E*
  3 AP A02-123-4000 BBB TRVL
  4 TK OK08JUL/SELK13UA3
  5 OPW-06AUG:0700/1C7/KE REQUIRES TICKET ON OR BEFORE
        07AUG:0700/S2
  6 OPC-07AUG:0700/1C8/KE CANCELLATION DUE TO NO TICKET/S2
  * SP 07JUL/LQSU/SELK13UA3-NHP PROC
```

3. COPYING PNR

- 기 작성된 PNR DATA를 전체 또는 부분적으로 COPY하여 NEW PNR 작성 시 활용하는 기능이다.

	지시어	내 용
1	RT8694-1675	해당 PNR 조회
2	RRI	여정만 복사 시
3	RRN	여정 및 승객 정보 복사 시
4	RRP	승객 정보만 복사 시
5	RRA	여정 및 승객 정보와 ORIGINAL PNR과 NEW PNR 간의 AXR Record 생성

```
> RT8694-1675
--- AXR RLR ---
RP/SELK13UA3/SELK13UA3            LQ/SU   7JUL13/2138Z   2AE8S2
8694-1675
  1. HONG/GILDONGMR
  2 KE 651 Y 30SEP 1 ICNBKK HK1          1740 2110   *1A/E*
  3 AP A02-123-4000 BBB TRVL
  4 TK OK08JUL/SELK13UA3
  5 OPW SELK13UA3-06AUG:0700/1C7/KE REQUIRES TICKET ON OR BEFORE
        07AUG:0700/S2
  6 OPC SELK13UA3-07AUG:0700/1C8/KE CANCELLATION DUE TO NO
        TICKET/S2
  * SP 07JUL/LQSU/SELK13UA3-NHP PROC
> RRI
-IGNORED 2AE8S2-
RP/SELK13UA3/
  1  KE 651 Y 30SEP 1 ICNBKK HK1          1740 2110   744 E 0
       7/ DUTY FREE SALES
> RRA
-IGNORED 2AEZ24-
RP/SELK13UA3/
  1  BA 016 Y 30SEP 1 SYDLHR HK1       1  1540 0530+1 777 E 1
     SEE RTSVC
  2  BA 015 Y 10OCT 4 LHRSYD HK1       5  2115 0610+2 777 E 1
     SEE RTSVC
  3 AP A02-123-3000 AAA TRVL MS KANG
  4 AP M010-123-3000
  * RR 07JUL/LQSU/SELK13UA3-2AEZ24
```

제 10 장

GROUP BOOKING

1. 단체의 정의

1) 단체구성의 조건

- 성인 10명 이상의 승객이 두 구간(왕복) 이상을 동일구간, 동일날짜에 함께 여행하는 경우
- 소아 2명을 성인 1명으로 간주한다.
- 하나의 PNR에 99명까지 예약할 수 있다.

2) 단체의 형태

- 실제 승객이 없는 상태에서 좌석 선 확보 후 모객하는 형태
- 승객이 모객된 상태에서 좌석을 확보하는 형태

3) 단체예약의 특성

- 일반 TOPAS SELL CONNECT에서는 대한항공만이 가능하며, 그 외 항공사의 단체예약은 각 항공사로 직접 요청하여야 한다.
  SEL-KE-PAR-KE-SEL : 가능
  SEL-KE-PAR-AF-LON-KE-SEL : 가능
  SEL-AF-PAR-AF-LON-BA-PAR-AF-SEL : 항공사 AF로 직접요청
- 단체예약은 PNR 작성한 뒤 항공사로 PNR을 QUEUE를 통해 전송하여 일단 PNR 요청한 뒤, 차후 항공사로부터 좌석확약의 여부를 전송받아야 한다.

2. 단체 PNR 작성 순서

1단계	NG15ASIA TOUR	NG/인원수/단체명
2단계	AN15JANSELBKK/AKE	Availability 조회
	SS15G1/SG	SS 인원수/booking class/line number
	AN20JANBKK/AKE	
	SS15G1/SG	
3단계	SR GRPF KE-YGV15 ICNBKKICN KRW500000	Group Fare 입력(항공사 코드, fare basis, 여정 및 가격이 입력된다.)
4단계	AP02-751-7741 TOPAS TOUR	여행사 전화번호 입력
	APM-010-4121-7721 MR KIM	핸드폰 번호 입력
5단계	TKTL30DEC	발권시한 입력
6단계	RFP	Received from 입력
7단계	ER	저장 후 조회

```
RP/SELK13923/
RF P
0. 15ASIA TOUR   NM: 0
  1  KE 657 G 15JAN 3 ICNBKK NN15        0900 1300    773 E 0
     SEE RTSVC
  2  KE 654 G 20JAN 1 BKKICN NN15        0015 0720    773 E 0 B
     SEE RTSVC
  3 AP 02-751-7741 TOPAS TOUR
  4 APM 010-4121-7721 MR KIM
  5 TK TL30DEC/SELK13923
  6 SSR GRPF KE YGV15 ICNBKKICN KRW500000
```

ER 저장

▼

```
> ER
Executing File Finishing...
> ER
RANDOM RESERVATION NUMBER RECOMMENDED:0935-0950

> ER
--- RLR ---
RP/SELK13923/SELK13923          20/SU  27OCT13/0659Z   33682Z
0935-0950
0. 15ASIA TOUR   NM: 0
  1  KE 657 G 15JAN 3 ICNBKK HN15        0900 1300        E*
  2  KE 654 G 20JAN 1 BKKICN HN15        0015 0720        E*
  3 AP 02-751-7741 TOPAS TOUR
  4 APM 010-4121-7721 MR KIM
  5 TK TL30DEC/SELK13923
  6 SSR GRPF KE YGV15 ICNBKKICN KRW500000
```

☞ 1차 ER을 하면 생성될 PNR 번호를 먼저 보여주고 2차 ER(저장 및 확약)을 하면 PNR 번호가 확정되면서 완성된 PNR이 화면에 Display된다.

3. 승객명단 입력

1단계	RT0935-0950	해당 PNR 조회
2단계	NM1KIM/AAMR	성명 입력
3단계	RTN	확인
4단계	ER	저장

```
--- RLR ---
RP/SELK13923/SELK13923          KE/RM   27OCT13/0659Z   33682Z
0935-0950
0. 15ASIA TOUR   NM: 0
  1  KE 657 G 15JAN 3 ICNBKK HN15        0900 1300        E*
  2  KE 654 G 20JAN 1 BKKICN HN15        0015 0720        E*
  3 AP 02-751-7741 TOPAS TOUR
  4 APM 010-4121-7721 MR KIM
  5 TK TL30DEC/SELK13923
  6 SSR GRPF KE YGV15 ICNBKKICN KRW500000

> NM1KIM/AAMR

--- RLR ---
RP/SELK13923/SELK13923          KE/RM   27OCT13/0659Z   33682Z
0935-0950
0. 14ASIA TOUR   NM: 1
  2  KE 657 G 15JAN 3 ICNBKK HN15        0900 1300        E*
  3  KE 654 G 20JAN 1 BKKICN HN15        0015 0720        E*
  4 AP 02-751-7741 TOPAS TOUR
  5 APM 010-4121-7721 MR KIM
  6 TK TL30DEC/SELK13923
  7 SSR GRPF KE YGV15 ICNBKKICN KRW500000
```

RTN 확인

▼

```
> RTN
RP/SELK13923/SELK13923          KE/RM   27OCT13/0659Z   33682Z
0935-0950
0. 14ASIA TOUR   NM: 1
BKD:15              CNL: 0              SPL: 0
  1.KIM/AAMR
```

☞ 실제 이름 입력 후 반드시 RFP 후 ER하여 저장한다.

4. 입력 이름 취소

- 단체 인원수에 상관없이 입력된 이름 삭제

3G	3번 승객 취소

```
> RTN

RP/SELK13923/SELK13923              20/SU   27OCT13/0706Z    33682Z
0935-0950
0. 12ASIA TOUR   NM: 3
BKD:15                CNL: 0                    SPL: 0
  1.KIM/AAMR    2.LEE/BBMS    3.HUR/CCMS

> RT

--- RLR ---
RP/SELK13923/SELK13923              20/SU   27OCT13/0706Z    33682Z
0935-0950
0. 12ASIA TOUR   NM: 3 (입력된 이름 수)
  4  KE 657 G 15JAN 3 ICNBKK HN15          0900 1300         E*
  5  KE 654 G 20JAN 1 BKKICN HN15          0015 0720         E*
  6 AP 02-751-7741 TOPAS TOUR
  7 APM 010-4121-7721 MR KIM
  8 TK TL30DEC/SELK13923
  9 SSR GRPF KE YGV15 ICNBKKICN KRW500000

> 3G (3번 승객 취소)

--- RLR ---
RP/SELK13923/SELK13923              20/SU   27OCT13/0706Z    33682Z
0. 13ASIA TOUR   NM: 2
  3  KE 657 G 15JAN 3 ICNBKK HN15          0900 1300         E*
  4  KE 654 G 20JAN 1 BKKICN HN15          0015 0720         E*
  5 AP 02-751-7741 TOPAS TOUR
  6 APM 010-4121-7721 MR KIM
  7 TK TL30DEC/SELK13923
  8 SSR GRPF KE YGV15 ICNBKKICN KRW500000

> RTN

RP/SELK13923/SELK13923              20/SU   27OCT13/0706Z    33682Z
0935-0950
0. 13ASIA TOUR   NM: 2
BKD:15                CNL: 0                    SPL: 0
  1.KIM/AAMR    2.LEE/BBMS
```

☞ 입력된 실제 승객 3명 중 3번 승객의 이름이 삭제되어 공란으로 보여지며 입력된 승객 수가 2명임을 RTN으로 확인할 수 있다.

5. GROUP 인원수 감원

- 단체 인원수에 즉, 이름이 입력되어 있지 않은 NO NAME에서 감원

XE0.2	취소 지시어/no name field/구분자/감원하고자 하는 인원수

```
--- RLR ---
RP/SELK13923/SELK13923          20/SU  27OCT13/0712Z   33682Z
0935-0950
0. 13ASIA TOUR   NM: 2
  3  KE 657 G 15JAN 3 ICNBKK HN15        0900 1300        E*
  4  KE 654 G 20JAN 1 BKKICN HN15        0015 0720        E*
  5 AP 02-751-7741 TOPAS TOUR
  6 APM 010-4121-7721 MR KIM
  7 TK TL30DEC/SELK13923
  8 SSR GRPF KE YGV15 ICNBKKICN KRW500000

> XE0.2 (0번 인원을 중 2명을 감소)

--- RLR ---
RP/SELK13923/SELK13923          20/SU  27OCT13/0712Z   33682Z
0935-0950
0. 11ASIA TOUR   NM: 2
  3  KE 657 G 15JAN 3 ICNBKK HN13        0900 1300        E*
  4  KE 654 G 20JAN 1 BKKICN HN13        0015 0720        E*
  5 AP 02-751-7741 TOPAS TOUR
  6 APM 010-4121-7721 MR KIM
  7 TK TL30DEC/SELK13923
  8 SSR GRPF KE YGV15 ICNBKKICN KRW500000
```

☞ 이름이 입력되지 않은 총 인원 중 2명이 감소되어 11명으로 감소되었다.

6. NO NAME 및 이름입력 승객 감원(GROUP SPLIT)

1단계	RT0935-0950	해당 PNR 조회
2단계	SP0.2,1	no name 0번 승객 2명과 이름 입력승객 1명 분리
3단계	RFP	received from
4단계	EF	중간저장
5단계	RFP	received from
6단계	ER	저장

〈2단계〉

```
--- RLR ---
RP/SELK13923/SELK13923              20/SU   27OCT13/0718Z    33682Z
0935-0950
0. 11ASIA TOUR   NM: 2
  3  KE 657 G 15JAN 3 ICNBKK HN13          0900 1300         E*
  4  KE 654 G 20JAN 1 BKKICN HN13          0015 0720         E*
  5 AP 02-751-7741 TOPAS TOUR
  6 APM 010-4121-7721 MR KIM
  7 TK TL30DEC/SELK13923
  8 SSR GRPF KE YGV15 ICNBKKICN KRW500000

> SP0.2,1

--- RLR ---
-ASSOCIATE PNR-
RP/SELK13923/SELK13923              20/SU   27OCT13/0718Z    XXXXXX
0.  2ASIA TOUR   NM: 1
  2  KE 657 G 15JAN 3 ICNBKK HN3           0900 1300         E*
  3  KE 654 G 20JAN 1 BKKICN HN3           0015 0720         E*
  4 AP 02-751-7741 TOPAS TOUR
  5 APM 010-4121-7721 MR KIM
  6 TK TL30DEC/SELK13923
  7 SSR GRPF KE YGV15 ICNBKKICN KRW500000
  8 SSR GRPS YY TCP 13 ASIA TOUR
  * SP 27OCT/20SU/SELK13923-33682Z
```

〈3단계, 4단계〉

```
> RFP
--- RLR ---
-ASSOCIATE PNR-
RP/SELK13923/SELK13923             20/SU  27OCT13/0718Z   XXXXXX
RF P
0.  2ASIA TOUR  NM: 1
  2  KE 657 G 15JAN 3 ICNBKK HN3         0900 1300        E*
  3  KE 654 G 20JAN 1 BKKICN HN3         0015 0720        E*
  4 AP 02-751-7741 TOPAS TOUR
  5 APM 010-4121-7721 MR KIM
  6 TK TL30DEC/SELK13923
  7 SSR GRPF KE YGV15 ICNBKKICN KRW500000
  8 SSR GRPS YY TCP 13 ASIA TOUR
  * SP 27OCT/20SU/SELK13923-33682Z

> EF
--- RLR ---
-PARENT PNR-
RP/SELK13923/SELK13923             20/SU  27OCT13/0718Z   33682Z
0935-0950
0.  9ASIA TOUR  NM: 1
  2  KE 657 G 15JAN 3 ICNBKK HN10        0900 1300        E*
  3  KE 654 G 20JAN 1 BKKICN HN10        0015 0720        E*
  4 AP 02-751-7741 TOPAS TOUR
  5 APM 010-4121-7721 MR KIM
  6 TK TL30DEC/SELK13923
  7 SSR GRPF KE YGV15 ICNBKKICN KRW500000
  8 SSR GRPS YY TCP 13 ASIA TOUR
  * SP 27OCT/20SU/SELK13923-337F4Q
```

```
> RFP

--- RLR ---
-PARENT PNR-
RP/SELK13923/SELK13923            20/SU   27OCT13/0718Z    33682Z
0935-0950
RF P
0.  9ASIA TOUR   NM: 1
  2  KE 657 G 15JAN 3 ICNBKK HN10          0900 1300          E*
  3  KE 654 G 20JAN 1 BKKICN HN10          0015 0720          E*
  4 AP 02-751-7741 TOPAS TOUR
  5 APM 010-4121-7721 MR KIM
  6 TK TL30DEC/SELK13923
  7 SSR GRPF KE YGV15 ICNBKKICN KRW500000
  8 SSR GRPS YY TCP 13 ASIA TOUR
  * SP 27OCT/20SU/SELK13923-337F4Q

> ER
Executing File Finishing...

> ER

--- AXR RLR ---
RP/SELK13923/SELK13923            20/SU   27OCT13/0724Z    33682Z
0935-0950
0.  9ASIA TOUR   NM: 1
  2  KE 657 G 15JAN 3 ICNBKK HN10          0900 1300          E*
  3  KE 654 G 20JAN 1 BKKICN HN10          0015 0720          E*
  4 AP 02-751-7741 TOPAS TOUR
  5 APM 010-4121-7721 MR KIM
  6 TK TL30DEC/SELK13923
  7 SSR GRPF KE YGV15 ICNBKKICN KRW500000
  8 SSR GRPS YY TCP 13 ASIA TOUR
  * SP 27OCT/20SU/SELK13923-337F4Q
```

연습문제

1. 다음 조건에 따라 GROUP PNR을 완성하여 PNR 번호를 쓰시오. (총인원 중 본인 이름을 포함해서 3명의 이름을 임의로 입력)

BOOKING CLASS 준수	
총원	: 15명
단체명	: TOPASTEST
여정	: 5월 19일 서울-시드니 KE
	5월 27일 시드니-서울 KE
전화번호	: 토파스여행사 02-123-5000
	010-222-3333 GUIDE 전화번호

제 11 장

BOOKING CLASS의 이해

1. BOOKING CLASS 특징

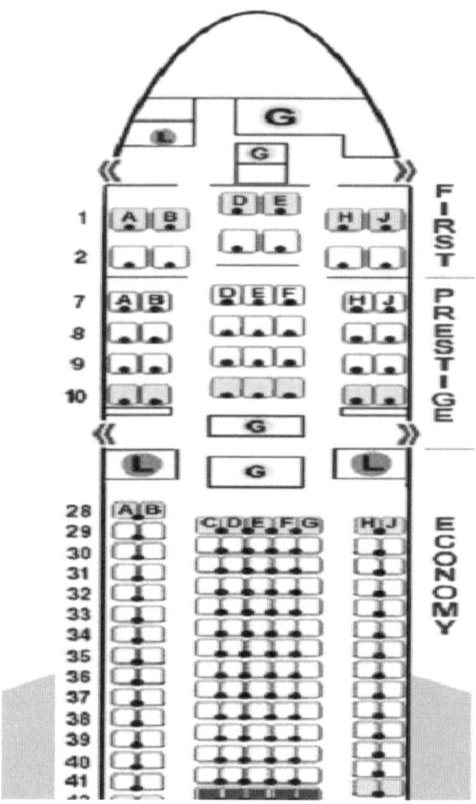

1) IATA(International Air Transport Association) CABIN CLASS 종류

- FIRST CLASS(일등석)
- BUSINESS/PRESTIGE CLASS(우등석)
- ECONOMY CLASS(보통석)

2) BOOKING CLASS

- 항공사의 Booking Class는 항공운임의 종류에 따라 다르게 적용된다.
- 항공사의 입장에서 성수기와 비수기의 수요를 차별화함으로써 수입을 증대시킬 수 있다.
- 고객의 입장에서는 다양한 종류의 항공운임 선택을 통해 저렴한 운임을 선택할 수 있다.
- 대부분의 운임은 도중체류 횟수, 여정기한, Transfer 횟수 등에 따라 운임의 종류가 결정되고, 각각의 운임은 해당 Booking Class가 따로 정해져 있다.
- 같은 운송 Class라도 승객의 여정조건에 따라 예약자는 항공예약 시에 승객의 여정 조건에 따라 예약자는 항공예약 시에 승객의 여정 조건을 살펴 그에 알맞은 가장 저렴한 운임의 해당 Booking Class로 예약해야 한다.

2. BOOKING CLASS 개요 및 확인 절차

1) 배경

- 항공사의 효율적인 예약 좌석 통제와 수입을 극대화하기 위한 전산 Data 시스템 구축
- 지역별 Yield Management System을 위한 Code화 및 수입 Data 확인 필요
- 운임별(Fare Basis) 코드 및 수입 Data 확인 필요
- 특히 Economy Class에 대한 Booking Class가 발달되어 있다.

2) 종류

- IATA CABIN CLASS : FIST, BUSINESS, ECONOMY (F, C, Y)
- AIRLINE BOOKING CLASS : R.P.F.J.C.Y.W.K.M.B.Q.T.Z.G.R.E.V.X 등등(알파벳 26개 중 현재 약 22개 사용 중)

3) FARE(운임)

- IATA NORMAL FARE
  : 여행개시일로부터 1년, 도중체류 및 기타 제한 없음
- AIRLINE SPECIAL FARE
  : PX(Super Excursion), EE(Excursion) 등 Y운임에 적용하며, KE의 경우 여행개시일로부터 6개월, 12개월 유효기간 규정으로 제한사항 및 지역별 적용 코드를 준수해야 한다.

3. BOOKING CLASS 결정 과정

① Booking Class는 승객의 선호 Cabin Class, 여행기간, 사전 발권 조항, 중간 도시 체류여부, 왕복/편도 등에 따라 상이하게 적용할 수 있다.

② 가장 일반적인 방법은 운임 소개 화면을 통해 결정하는 것이지만 항공사마다 적용해야 할 Class Code가 상이하므로 반드시 항공사 규정 확인이 필요하다.

③ 일반적인 확인사항

- 탑승 Class
- 왕복/ 편도
- 여행기간
- 도중체류(Stopover)횟수
- TRANSFER
- 기타

4. BOOKING CLASS의 결정

〈예 1〉

여정 : KE 이용, 9월 30일 인천 -〉 방콕, 이듬해 1월 15일 방콕 -〉 인천 조건 : 예약 후 3일 이내 발권 예정, 약 4개월 체류, 가장 저렴한 운임 사용 Class

〈결정 과정〉

1단계	여행기간 확인 , 탑승 Class 확인(일반석)
2단계	운임확인 **FQDSELBKK/D30SEP/AKE/IX**
3단계	해당운임의 Booking Class 조회(Booking Class에 +존재 시) **FQS15**

〈1단계〉

```
> FQDSELBKK/D30SEP/AKE/IX(저렴한 운임 순서로 정렬 시)

FQDSELBKK/D30SEP/AKE/IX
BA  BI  BR  CA  CI  CX  CZ  GA  GS      TAX MAY APPLY
HU  IT  KA  KL  LH  LJ  MH  MI  MU      SURCHG MAY APPLY-CK RULE
NX  NZ  OZ  PR  QF  SQ  TG  VA  VN
WY  XF  3U  /YY*AC  AF  AK  BG  CA
CG  CO  C6  D2  D7  EK  FD  FP  FR
FY  F5  GI  GX  G5  HC  JD  KC  KE
LH  LL  M8  NW  OZ  QH  QZ  RY  R3
R8  SB  TB  TO  UK  VJ  VK  VY  WW
W5  W7  X4  X5  YC  ZH  ZL  3Q  6Q
7A  9B  9G  9H  9R  9X
ROE 1120.972 UP TO 100.00 KRW
30SEP14**30SEP14/KE SELBKK/NSP;EH/TPM  2286/MPM  2743
LN FARE BASIS   OW     KRW  RT    B PEN  DATES/DAYS   AP MIN MAX R
01 ELEKS                500000 E  +  S20SEP  31OCT   + -   6M   R
02 HLEKS                580000 H  +  S20SEP  31OCT   - -   6M   R
03 MLEKS                700000 M  +  S20SEP  31OCT   - -  12M   R
04 MLEKS1               839600 M  +  S20SEP  31OCT   - -  12M   M
05 MLOWKS    420000            M  +  S20SEP  31OCT   - -   -    R
06 BLEKS                850000 B  +  S20SEP  31OCT   - -  12M   R
                                                       PAGE  1/ 2
```

☞☞ Booking Class -B- 항목에서 조건에 적합한 Class를 찾아 예약 시 적용한다.
1번 항목의 경우 ELEKS를 적용할 경우 Booking Class는 "E"이다.
또는 FQS1(FQS라인번호)로도 확인할 수 있다.

```
> FQS1
FQS1
**  RULES DISPLAY  **                          TAX MAY APPLY
                                       SURCHG MAY APPLY-CK RULE
30SEP14**30SEP14/KE SELBKK/NSP;EH/TPM  2286/MPM  2743
LN FARE BASIS   OW  KRW  RT   B PEN  DATES/DAYS  AP MIN MAX R
01 ELEKS             500000 E  +  S20SEP  31OCT   + -   6M R
 PRIME BOOKING CODE WHEN NO EXCEPTIONS APPLY
    E
 EXCEPTIONS
        VIA KE  M/Y   REQUIRED  WITHIN KR
        VIA NX  S     REQUIRED
        VIA PX  B     REQUIRED  BETWEEN MNL-POM
        VIA RA  M     REQUIRED
                                                  PAGE  1/ 1
```

〈참고〉

```
30SEP14**30SEP14/KE SELBKK/NSP;EH/TPM  2286/MPM  2743
LN FARE BASIS   OW  KRW  RT   B PEN  DATES/DAYS  AP MIN MAX R
01 ELEKS                 500000 E  +  S20SEP  31OCT  + -  6M   R
02 HLEKS                 580000 H  +  S20SEP  31OCT  - -  6M   R
03 MLEKS                 700000 M  +  S20SEP  31OCT  - -  12M  R
04 MLEKS1                839600 M  +  S20SEP  31OCT  - -  12M  M
05 MLOWKS     420000            M  +  S20SEP  31OCT  - -  -    R
06 BLEKS                 850000 B  +  S20SEP  31OCT  - -  12M  R
                                                  PAGE  1/ 2
```

항 목	설 명
LN	Line Number
FARE BASIS	운임의 종류
OW	One Way Fare
KRW	Currency Code
RT	Round Trip Fare
B	Booking Class
PEN	Penalty Information
DATES/DAYS	Seasonality, 요일 등에 대한 규정
AP	Advanced Purchase(사전구입 조건)
MIN	Minimum Stay(최소 체류 의무 기간)
MAX	Maximum Stay(최대 체류 허용 기간)
R	R : Routing Information, M : Mileage Information

제 12 장

RESERVATION CODE(예약 코드)

1. 예약 코드

1) 특징

- 좌석을 예약하기 위해 시스템에서 유지되고 있는 일련의 CODE를 통해 요청(Action Code)한다.
- 요청(Action Code)된 것에 대한 응답(Advice Code)을 받는다.
- 응답(Advice Code) 상태를 유지(Status Code)하는 형태로 이루어진다.
- 전 세계 항공사가 공통적으로 사용하는 여러 Code를 IATA에서 정해놓고 있다.

2. 예약 코드의 종류

1) 요청 코드(Action Code)

- 여행사에서 항공사로 혹은 항공사에서 항공사로 요청하는 형태

NN	좌석 및 부대 서비스 요청 시 사용하는 가장 기본적인 요청 코드
LL	대기자로 예약할 경우 사용하는 코드
HS	좌석을 예약해가는 상태
XK	항공사로 취소 전문을 전송하지 않고 TOPAS상에서만 해당여정 취소

2) 응답 코드(Advice Code)

- 항공사에서 여행사 혹은 항공사에서 항공사로 응답하는 형태로 응답을 받은 곳에서는 여행사에서는 회답행위(ETK enter)를 취하여야 한다.

KK	요청된 내용(항공편, 기타요청사항)이 확약(OK)되었음을 통보
KL	대기자 명단에 있는 승객이 대기자로부터 좌석이 확약되었음을 통보
HX	항공사에 의해 여정이 취소되었음을 통보
NO	요청사항이 잘못되었거나 사용자가 회답행위를 취하지 않았음을 통보
UU	요청된 내용으로 대기자로 예약되었음을 통보
US	좌석을 판매하였으나, 해당 항공사의 거절로 대기자로 예약되었음을 통보
UC	요청된 내용이 불가함을 통보
UN	요청한 비행편이 운항하지 않거나 요청한 서비스가 제공되지 않음을 통보
PN	KE 이외의 항공사 좌석을 NN으로 요청하고 응답을 기다리고 있는 상태
WK	예약이 확약되었으나 항공사의 사정으로 스케줄이 변경되어 해당여정이 취소되었음을 나타냄
SC	변경된 스케줄로 좌석이 확약되었음을 나타냄
DL	항공사로부터 대기자에서 좌석이 확약되었음을 응답받았으나 회답을 취하지 않아 다시 대기자로 예약되었음을 나타냄
PK	타 GDS에서 예약한 여정의 경우, 발권을 위해 사용하는 코드(기존 QK 코드)
GK	실제 예약이 이루어지지 않은 상태에서 Fare Pricing용으로 사용되며, 발권은 불가하고 해당 항공사로 메시지 전송은 되지 않는 코드
SG	Group Booking 시 사용되는 요청 Code
HG	Group Booking에서 다른 Segment가 Confirm되면 OK 가능하다는 정보

- 항공사로부터 응답이 이루어진 여정에 대한 예약상태 코드 변경 지시어

.1HK	.SEG 번호 1 변경하고자하는 상태코드
ETK	상태코드 자동정리(PNR 저장종료)
ERK	상태코드 자동정리 후 PNR 재조회

다. 상태 코드(Status Code)

HK	예약이 확약되어 있는 상태
HL	대기자로 예약되어 있는 상태
RR	예약이 재확인까지 마친 상태

3. 예약 코드의 흐름

〈요청 코드〉 〈응답 코드〉 〈상태 코드〉

```
HS  --------------------------------------->  HK  --> RR
SS  --------------------------------------->  HK
SS  ----------------->  US  ----- ERK/ETK enter ---->  HL
SS  ----------------->  UC  ----- ERK/ETK enter ---> 해당 구간 취소
NN  ------>  PN  ------->  KK  ----- ERKETK enter ---->  HK
NN  ------>  PN  ------->  UU  ----- ERK/ETK enter ---->  HL
                               UC ----- ERK/ETK enter ---> 해당구간 취소
                               UN ----- ERK/ETK enter ---> 해당구간 취소
                               NO ----- ERK/ETK enter ---> 해당구간 취소
LL  ------>  HL  -------->  KL  -----ERK/ETK enter ---->  HK
LL  ------>  HL  -------->  KL  ----- no action ----->  DL --> HL
```

4. 사례

1) ICN-BKK 구간에 항공사의 사정으로 인하여 출발시간이 변경된 것을 응답받은 경우

```
--- RLR ---
RP/SELK13UA3/SELK13UA3            AA/SU  26FEB13/0149Z   6VPYOS
8068-1095
1. WEON/HYEYOUNGMS    2.KIM/TESTMS
3 KE 651 E 29JUL 1 ICNBKK WK2          1740 2110    *1A/E*
4 KE651 E 29JUL 1 ICNBKK  SC2          1805 2135    *1A/E
5 KE 652 E 29AUG 4 BKKICN HK2          2240 0600+1 *1A/E*
6 AP 02-726-7868
7 AP M010-800-9000/P1
8 TK TL26FEB/SELK13UA3
```

ERK 혹은 ETK enter

```
-- RLR ---
RP/SELK13UA3/SELK13UA3            AA/SU  26FEB13/0149Z   6VPYOS
8068-1095
1. WEON/HYEYOUNGMS    2. KIM/TESTMS
3 KE651 E 29JUL 1 ICNBKK   HK2          1805 2135    *1A/E*
5 KE 652 E 29AUG 4 BKKICN  HK2          2240 0600+1  *1A/E*
6 AP 02-726-7868
7 AP M010-800-9000/P1
8 TK TL26FEB/SELK13UA3
```

☞ 상기와 같이 ICN-BKK 구간의 출발시간이 1740에서 1805로 변경되어 자동 정리된 것을 알 수 있다.

2) BKK-ICN 구간에 대기자 명단에서 예약이 확약되었음을 응답받은 경우

```
--- RLR ---
RP/SELK13UA3/SELK13UA3            AA/SU  26FEB13/0149Z   6VPYOS
8068-1095
1. WEON/HYEYOUNGMS    2.KIM/TESTMS
3  KE  651  E  29JUL  1  ICNBKK  HK2          1740  2110    *1A/E*
4  KE652  E  29AUG  1  BKKICN  KL2           2240  0600+1  *1A/E
5. AP  02-726-7868
6  AP  M010-800-9000/P1
7  TK  TL26FEB/SELK13UA3
```

ERK 혹은 ETK enter

```
--- RLR ---
RP/SELK13UA3/SELK13UA3            AA/SU  26FEB13/0149Z   6VPYOS
8068-1095
1. WEON/HYEYOUNGMS    2.KIM/TESTMS
3  KE  651  E  29JUL  1  ICNBKK  HK2          1740  2110    *1A/E*
4  KE652  E  29AUG  1  BKKICN  HK2           2240  0600+1  *1A/E
5. AP  02-726-7868
6  AP  M010-800-9000/P1
7  TK  TL26FEB/SELK13UA3
```

☞ 상기와 같이 BKK - ICN 구간의 KL(항공사로부터 대기자에서 예약이 확약되었음을 응답 받음)상태가 HK(예약확약 받은 상태)로 변경되어 자동 정리된 것을 알 수 있다.

5. PNR HISTORY 조회 및 확인

1) 특징

- PNR 작성 후 이루어진 모든 변경내역과 완료한 여정을 보관, 기록한 부분(완료한 여정은 PNR History 하단에 위치함)

- 1회의 ET enter 단위로 작업한 내용이 번호 Step Number 000, 002로 구분되어 기록되어진다.

```
> RH

RP/SELK13UA3/SELK13UA3                LQ/SU    7JUL13/2212Z    Z95JGF
    000 ON/JUNG/HOJINMS
    000 OS/UA 892 Y 01SEP 7 ICNSFO SS1 1700 1125/NN        E*
    000 OS/UA 352 Y 01SEP 7 SFOBOS SS1 1245 2340/NN        E*
    000 RO/RSVN/KE/1035-1665
    000 RF-PAX-SOUTHKOREA/000029 CR-SELK13UA3 17320004 SU 2466LQ
        /RO-9CB371C8 MUCWW2AAB 12345675 07JUL1238Z
    001 AP/AP B02-123-3000
    001 RF- -SOUTHKOREA/000029 CR-SELK13UA3 17320004 SU 2466LQ/R
        O-9CB36E8D MUCWW2AAB 12345675 07JUL2211Z
000/002 XS/UA 892 Y 01SEP 7 ICNSFO HK1 1700 1125/NN        E*
000/002 XS/UA 352 Y 01SEP 7 SFOBOS HK1 1245 2340/NN        E*
    002 RF- -SOUTHKOREA/000029 CR-SELK13UA3 17320004 SU 2466LQ/R
        O-9CB36E8D MUCWW2AAB 12345675 07JUL2212Z
```

000	최초 PNR 생성 시 작업내용(이름, 여정, OSI/SSR, 선택사항, RECEIVED FROM, communication reference 사항)만이 기록된다.
001	PNR 완성 후 최초 변경 작업내용이 기록된다.
000/002	변경내용이 수정이나 삭제일 경우 최초 기록 생성 시의 이렵된 순서 000/수정, 삭제 시 순서 002로 변경내역별로 HISTORY CODE를 정하여 구분 기록된다.

2) 지시어

지시어	기 능
RH	Queue History를 제외한 전체 History
RHQ	Queue History
RH/ALL	RH+RHQ
RHI	Itinerary Segments
RHJ	Phone Elements
RHN	Name Elements
RHS*	* : Segment Number(Active Segment만 조회 가능)

3) PNR HISTORY CODE(HE PNR → GP COD → MS22)

코드 종류	기 능
ON (Original Name)	최초 입력 이름
OS (Original Segment)	최초 입력 SEG
OR (Original SSR)	최초 입력 SSR 사항
RF (Received From)	예약 및 수정 요청자
SA (Added SSR)	추가된 SSR 사항
XS (Cancelled Segment)	취소된 SEG
AS (Added Segment)	추가된 SEG
SP (Split Party)	PNR이 Split됨

가. 기본지시어

```
RH
```

```
① RP/SELK13UA3/SELK13UA3          AA/SU   15FEB13/1302Z     6TR8FQ
   8209-7865
② 000 ON/KIM/MISEONMS KIM/SOOHYUNMR PARK/SOAHMISS(CHD/13DEC07)
③ 000 OS/TG 476 Y 10SEP 2 SYDBKK LK3 1000 1620/NN *1A/E*
④ 000 RO/RSVN/KE/8209-7865
⑤ 000 OR/SSR CHLDTGHK1 13DEC07/PARK/SOAHMISS(CHD/13DEC07)
⑥ 000 OQ/OPW-15FEB:2300/1C7/TG TICKET TIME LIMIT WILL BE GIVEN LATER
   /TG 476 Y 10SEP SYDBKK
⑦ 000 RF-P-SOUTHKOREA/SYSY324 CR-SELK13UA3 17320004 SU 0074AA/
   RO-9CB36F86 MUCWW2AAB 12345675 15FEB1256Z
⑧ 001 RF-P CR-SELK13UA3 17320004 SU 0074AA 15FEB1256Z
⑨ 002 AS/TG 471 Y 15SEP 7 BKKSYD LK3 0800 2000/NN *1A/E*
⑩ 000/002 XO/OPW-15FEB:2300/1C7/TG TICKET TIME LIMIT WILL BE GIVEN LATER
   /TG 476 Y 10SEP SYDBKK
⑪ 002 AO/OPW-15FEB:2300/1C7/TG TICKET TIME LIMIT WILL BE GIVEN LATER
   /TG 476 Y 10SEP SYDBKK/TG 471 Y 15SEP BKKSYD
⑫ 002 RF-P-SOUTHKOREA/SYSY324 CR-SELK13UA3 17320004 SU 0074AA/
   RO-9CB36F86 MUCWW2AAB 12345675 15FEB1257Z
```

①	PNR의 Header 부분이 PNR(6TR8FQ)의 예약Office와 발권TL 등의 Queuing Office는 SELKI3UA3이고 GMT 기준 2013년 2월15일 13시 02분에 AA/SU Agent에 의해 update됨
②	최초 PNR 생성 시의 승객명
③	최초 PNR 생성 시의 SEG
④	Random RSVN NBR Recommend Data로 8자리 숫자로 된 예약번호
⑤	최초 PNR 생성 시 SSR 사항으로 입력된 Child 생년월일
⑥	OQ : 최초 예약 시 생성된 선택사항(Option Element) OPW : 발권시한 warning 목적으로 생성된 code 15FEB:2300/1C7 : TL관리를 위해 Local time 기준 2월 15일 23:00시에 Queue1 Catagory7로 Queuing TG의 TL은 추후 통보 예정이므로 해당 Queue1 Catagory7에서 TL 통보 여부 확인 필요
⑦	최초 End of transaction 시 입력된 내용 RF : Received From indicator P - SOUTHKOREA/SYSY324 : PAX로부터 예약요청 받았고 예약 작성한 Agent의 프로파일에서 이관된 data

	CR : Communications Reference Indicator SELK13UA3 : 예약 작성 Office ID 17320004 : 예약 작성 Agent의 IATA Code SU 0074AA : 예약 작성 Agnet의 Duty code와 sign /RO : Remote Office sign-in 9CB36FE5 : Terminal Identifier MUCWW2AAB : Remote Office ID (원격으로 SELK13UA3에 si후 in한 Agent의 OFC ID) 12345675 : Remote IATA Code
⑧	첫 번째 변경내역을 TKTL 입력으로 인한 자동 Queuing으로 발생됨 **RHQ (Q history 확인)** RP/SELK13UA3/SELK13UA3 AA/SU 15FEB13/1302Z 6TR8FQ 8209-7865 001 QA/QE8C1D4 001 RF-P CR-SELK13UA3 17320004 SU 0074AA 15FEB1256Z Queue8 Category1 Date Range 4로 AUTO Q-ING
⑨	Added Segment : 두 번째 변경내역(002)이며 TG seg 추가
⑩	Canceled Optional Element : SEG 추가로 인해 최초 입력된(000) 내용이 삭제됨 (002)
⑪	Added Option Element : SEG 추가로 인해 TG TL관련 새로운 OPW 내용 입력
⑫	두 번째 변경내역(002)의 요청자와 작업일시, 직원 sign, terminal, OFC ID 반영

제 13 장

QUEUE

1. QUEUE란?

예약과 발권업무의 처리의 상호 송수신 수단으로 사용되는 통신장치로 PNR의 특성별 예를 들면 항공사로부터 예약이 확약된 PNR만 쌓이는 Queue와 발권을 해야 하는 PNR이 쌓이는 Queue 등 특성별로 Queue번호가 구분되어 있으며 일종의 문서보관함이라 할 수 있다.

한 Office당 80개의 Queue를 만들 수 있고, 한 개의 Queue번호별 최대 256개 Category를 구성할 수 있다.

2. QUEUE의 기능

- PNR의 저장 관리
- 특정 항공사 또는 타 여행사의 PNR 송수신 기능

3. QUEUE의 종류

SPECIAL QUEUE	1개의 Q 번호별 0~256개 Category로 구성되어 있다.
DUAL QUEUE	1개의 Q 번호별 0~256개 Category로 구성되어 있으며 하나의 Category당 날짜범위(Date Range) 기능을 가진 최대 4개의 Sub Queue로 추가 구성되어 있다. 해당 Sub Queue는 각 Office의 필요에 따라 변경할 수 있다.

☞ Date Range(날짜범위)는 PNR에서 Active한 첫 번째 Segment를 기준으로 설정한다.

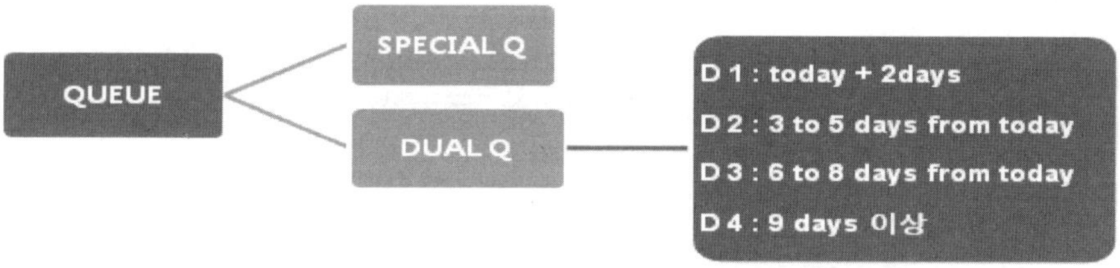

4. QUEUE BANK(번호별 설명)

Q 번호	용도	유형	Auto Queuing
0	DEFAULT PNR – 0	GENERAL	O
1	CONFIRMATION	SVC FACT 및 TL	O
2	WAITLIST CLEARANCE	KK,KL된 PNR 단체 제외	O
3	OPTIONS	DEFAULT OP ELEMENT	O
4	RESPONSIBILITY CHANGE	SPECIAL	X
5	RATES	SPECIAL	X

Q 번호	용도	유형	Auto Queuing
7	SCHEDULE CHANGE 통보	DUAL	O
8	TICKETING/TIME LIMIT 통보	DUAL	O
9	OTHER AIRLINE CONTROL	DUAL	O
12	EXPIRED TIME LIMIT	SPECIAL	X
14	PURGED PNRS	SPECIAL	X
23	REQUEST FOR REPLY	SPECIAL	X
25	MULTILIST PNRS	SPECIAL	X
26	MULTILIST PNRS	SPECIAL	X
80	PREPAID TICKET ADVICE	SPECIAL	X
87	GROUP PNRS	DUAL	X
94	MESSAGE – CUSTOMER PROFILES	SPECIAL	X
95	MESSAGE (TO BE DEFINED)	SPECIAL	X
96	MESSAGE – PAST DATE RECORDS	SPECIAL	X
97	DEFAULT MESSAGE–Q	DUAL	O

☞ DUAL Q : HE QUEUE GP INT MS85 "DATE RANGES PERMITTED YES"
Queue Descriptions에서 Queue별 Page 참조도 가능

〈OFFICE QUEUE BANK〉

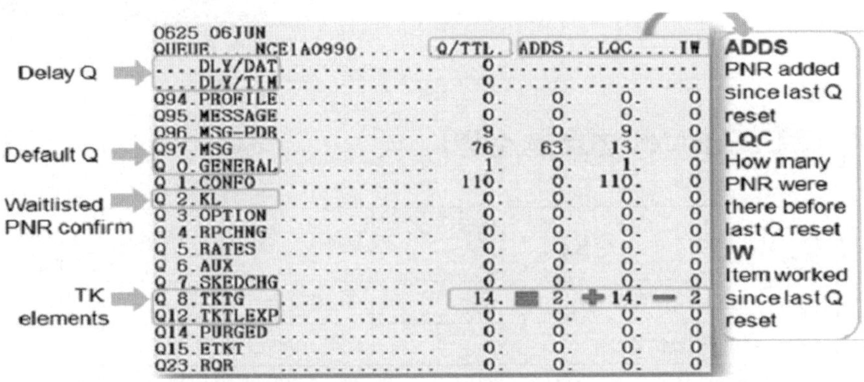

☞ Delay Queue: 다른 Queue 방에 있어야 하는 PNR이 정해진 date range에 delay되었다가 해당 date range에 도달하면 다시 지정된 Queue 방으로 보내진다.
Default Queue : 달리 지정된 Q방이 없는 경우 Default Queue로 보내지며, 임의로 삭제 불가

5. QUEUE 확인 순서

1단계	QTQ	소속 Office의 전체 Q Bank Summary 조회
	QT	Active한 전체 Queue 조회
2단계	QS0	특정 Q0번 내의 PNR확인
	QS8C11	특정 Q8번 내의 Category 11번 PNR 확인
	QS8C11D1	특정 Q8번 내의 Category 11번 Date Rage 1번 PNR 확인
3단계	QN	해당 PNR/Message 제거 및 다음 작업할 PNR 자동 조회
	ET	조회된 PNR 확인 후 여정 취소 등의 작업수행 저장 후 다음 PNR 조회
	QD	Q 작업 도중 해당 PNR/Message의 작업을 보류하고, 다음 PNR로 넘어가고자 하는 경우에 사용한다. PNR은 해당 Q 번호의 맨 마지막 순서에 위치
	QF	수정 중이던 PNR 작업은 완료(EOT)되고, 해당 Queue에서 PNR이 제거되며, Queue 작업은 종료된다.
4단계	QI	Queue 작업 종료 후 예약화면으로 환원

〈1단계〉 소속 Office의 전체 Q Bank Summary 조회

```
> QTQ
1658 27OCT①
QUEUE②....SELK13923....... Q/TTL③..ADDS④...LQC⑤....IW⑥
....DLY/DAT⑦............        0.................
....DLY/TIM⑧.............       0.................
Q94.MSG-CP .............        0.      0.      0.    0
Q95.        .............       0.      0.      0.    0
Q96.MSG-PDR.............        0.      0.      0.    0
Q97.MESSAGE.............        0.      0.      0.    0
Q 0.GENERAL.............        21.     60.     0.   39
Q 1.CONFO   .............       134.    157.    0.   23
Q 2.KL      .............       4.      4.      0.    0
Q 3.OPTION .............        0.      0.      0.    0
Q 4.RPCHNG .............        1.      1.      0.    0
Q 5.RATES  .............        0.      0.      0.    0
Q 7.SKEDCHG.............        0.      0.      0.    0
Q 8.TKTG    .............       25.     25.     0.    0
Q 9.OA CTRL.............        0.      0.      0.    0
Q10.ADVANCE.............        0.      0.      0.    0
Q12.XTL     .............       0.      0.      0.    0
Q14.PURGED .............        0.      0.      0.    0
Q15.PNRPUSH.............        0.      0.      0.    0
```

☞ ① QTQ를 실행한 시간 및 일자
② Q 번호
③ Q/TTL : 작업할 총 PNR/Message 개수
④ ADDS(Addtions) : Q 화면 Reset(QCR) 또는 Q 화면 활성화 이후, 추가 전송된 PNR/Message 개수
⑤ LQC(Last Queue Count) : Q Reset 당시의 PNR/Message 개수
⑥ IW(Item Worked) : Reset 이후 작업한 PNR/Message TTL 개수
⑦ Delayed Date/Delayed Queue에 보관된 PNR/Message 개수
⑧ OURMSGS : Q Name

DELAY QUEUE :
DLY/DAT(Delay Date), DLY/TIM(Delay Time) Queue(Q)로 PNR/Message 전송을 실행하는 순간 해당 Q 번호에 PNR이 보여지는 것이 원칙이나, 미래의 특정 일자와 시간을 지정하여 전송 처리한 경우 Delay Q에 임시 저장된다. PNR/Message가 특정일자 또는 시간에 도달하면 시스템은 각각의 Q 번호로 PNR을 전송시켜줌.

〈1단계〉

```
> QT

1707  27OCT
QUEUE....SELK13923.......Q/TTL...ADDS...LQC...IW
Q 0.GENERAL...................................
................            .C   0....    21.    60.    0.    39
Q 1.CONFO  ...................................
.................           C   0.D1.    19.    42.    0.    23
....AIR               ...C   1.D4.     6.     6.    0.     0
....SPCL SVC    ...C   6.D4.    21.    21.    0.     0
....OPW TTL     ...C   7.D1.    88.    88.    0.     0
Q 2.KL        ...................................
................          .C   0.D4.     4.     4.    0.     0
Q 4.RPCHNG ...................................
...............          ..C   0....      1.     1.    0.     0
Q 8.TKTG    ...................................
..............          ...C   0.D1.     1.     1.    0.     0
....TIME LIMIT...C   1.D1.     1.     1.    0.     0
.................          C   1.D2.     4.     4.    0.     0
.................          C   1.D4.    19.    19.    0.     0
Q87.GRPS    ...................................
....AIR              ...C   1.D4.    26.    26.    0.     0
```

〈2단계〉

```
> QSO
GENERAL -                              Q0 C0    (20)
--- RLR ---
RP/SELK13923/SELK13923                 Y0/SU  18OCT13/0337Z   3W5E6M
0959-5214
  1. PARK/HYOJINMS    2.KANG/DONGWONMR
  3 KE 657 E 20JAN 1 ICNBKK HK2              0900 1300     *1A/E*
  4 KE 654 C 25JAN 6 BKKICN HK2              0015 0720     *1A/E*
  5 AP 520-7777
  6 TK OK18OCT/SELK13923
  7 SSR WCHC KE HK1/S3/P2
  8 SSR WCHC KE HK1/S4/P2
  9 OPW SELK13923-18OCT:1300/1C7/KE REQUIRES TICKET ON OR BEFORE
        21OCT:1300/S3-4
 10 OPC SELK13923-21OCT:1300/1C8/KE CANCELLATION DUE TO NO
        TICKET/S3-4
```

〈3단계〉

```
> QI
IGNORED - OFF QUEUE
```

6. 작성된 PNR을 QUEUE에 입력하는 방법

	지시어	기 능
1	QE8	QE: Queue enter, 8: Queue 번호
2	QE8C1	QE: Queue enter, 8: Queue 번호, C1: Category 1번
3	QE/SELK13TA1/8C3D1	SELK13TA1: 전송할 Office ID 8: Queue 번호, C3: Category 3번, D1: Date Rage 1번

- Queue Number를 지정하지 않고 Qeueue만 입력한 경우 0번 Queue로 전송된다.
- Category 번호를 지정하지 않거나, 지정한 Category가 없는 경우 0번 Category로 전송된다.
- 특정 Q에 잘못 들어온 PNR/Message를 Queue 작업 중, 다른 Q Number로 Queue Entry를 이용하여 이송할 수 있다. 이 경우 해당 Q에서 PNR이 제거되고 이송된다.

7. QUEUE 정리

구 분	ENTRY	설 명
Q 전송하기 PNR 조회 및 Message 작성 후	QE8	8번 Q의 0번 Category로 전송
	QE8C1	8번 Q의 1번 Category로 전송
PNR에서 Q 전송 취소하기	PNR조회 → RTQ → QXP3	RTQ : Q 목록 확인 QXP3 : 3번 라인 PNR 삭제
Q BANK 접속하기	QTQ	전체 Q Workload 조회
	QC8CE	특정 Q Number의 Category Workload 조회
ACTIVE Q 번호만 조회하기	QT	현재 작업할 PNR이 있는 Active Q Number만 조회
	QC8CA	8번 Q의 작업할 PNR이 있는 Active Category만 조회
Q RESET하기	QCR	현재 화면에서 표시된 Q 이후 추가 유입된 PNR/Message 개수를 Reset하여 새로이 반영하고자 하는 경우에 사용한다.
Q 입장하기	QS9	9번 Q, 0번 Category, Date Rage D1으로 자동 접속됨
	QS8C11	8번 Q, 11번 Category Date Range D1으로 입장
	QS8C11D1	8번 Q, 11번 CATEGORY, DATE RANGE D1으로 입장

<table>
<tr><th>구 분</th><th>ENTRY</th><th>설 명</th></tr>
<tr><td rowspan="2">Q 제거하기</td><td>QN</td><td>해당 PNR/MESSAGE 제거, 다음 PNR 조회</td></tr>
<tr><td>ET</td><td>PNR 수정 사항 저장 및 해당 PNR 제거, 다음 PNR 보기</td></tr>
<tr><td rowspan="2">Q 작업 보류</td><td>QD</td><td>Q 작업 보류 및 현재 PNR을 Q의 맨 뒤 순서로 보내기</td></tr>
<tr><td>QD12JAN/1500</td><td>1월 12일 15:00시로 작업 일자 보류</td></tr>
<tr><td>Q 작업 무시 & 종료</td><td>QI</td><td>조회 중인 PNR/Message를 다시 해당 Q에 보관 및 Q 작업 종료</td></tr>
<tr><td>PNR 수정 완료 및 Q 종료</td><td>QF</td><td>수정중인 PNR 작업 완료(ET) & PNR 제거 & Q 작업 종료</td></tr>
<tr><td rowspan="3">Q에서 모든 PNR/MESSAGE 제거</td><td>QR87</td><td>87번 Q, 0번 Category 내 모든 PNR 제거</td></tr>
<tr><td>QR87CA</td><td>87번 Q, 모든 Category 내 모든 PNR 제거</td></tr>
<tr><td>QR87C1</td><td>87번 Q, 1번 Category 내 모든 PNR 제거</td></tr>
<tr><td rowspan="2">QNUBMER 생성</td><td>QA5C2</td><td>Q 5번으로 Category 2개 생성</td></tr>
<tr><td>QA6C2D01NOV-15NOV-30NOV</td><td>Q 6번, Category 2개, Date Range 포함 생성</td></tr>
<tr><td rowspan="4">Q & CATEGORY NAME 수정하기</td><td>QAQ5FARES</td><td>5번 Q이름을 Fares로 수정</td></tr>
<tr><td>QAQ5</td><td>5번 Q이름 삭제</td></tr>
<tr><td>QAN5C2MAILING</td><td>5번 Q, Category2 이름을 Mailing으로 수정</td></tr>
<tr><td>QAN5C2</td><td>5번 Q, Category2 이름 삭제</td></tr>
<tr><td>Q 번호 삭제</td><td>QK4</td><td>4번 Q 삭제</td></tr>
<tr><td>PNR 목록 조회</td><td>QV0</td><td>0번 Q에 작업할 PNR 목록 조회</td></tr>
<tr><td rowspan="4">Q PLANNER</td><td>QVR</td><td>PNR별 지정된 Q 번호 확인</td></tr>
<tr><td>QVR/25JUN</td><td>6/25일 기준, PNR별 지정된 Q 번호 확인</td></tr>
<tr><td>QVRT</td><td>Ticketing Q Planner에 지정된 PNR 목록 조회</td></tr>
<tr><td>QVRD</td><td>Delay Q Planner에 지정된 PNR 목록 조회</td></tr>
</table>

구 분	ENTRY	설 명
	QVRO	Optional Q Planner에 지정된 PNR 목록 조회
PLANNER에서 특정 Q로 PNR COPY하기	QWDT/25JUN/8/C3 QWDD25JUN/8/C3 QWDO/25JUN/8/C3	Ticketing(QWDT)/Delay(QWDD)/ Optional(QWDO) Q Planner의 6/25 자 PNR을 8번 Queue, Category 3번으로 Copy
Q PRINT하기	QP87C1	87번 Q, Category 1번에 저장되어 있는 PNR/Message를 프린트하고 Q에서 제거하기
	QPR87C1	87번 Q, Category 번에 저장되어 있는 PNR/Message를 프린트하고 Q에서 남기기
Q COUNT PLANNER	QCT	미래 작업시간 기준 Ticketing/Optional/ Delay Q에서 처리해야 할 총 PNR 개수 확인
	QCD	미래 작업 일자 기준 Ticketing/Optional/ Delay Q에서 처리해야 할 총 PNR 개수 확인
	QCM	미래 작업 월 기준 Ticketing/Optional/ Delay Q에서 처리해야 할 총 PNR 개수 확인

제 **14** 장

항공사 LINK LEVEL

1. 정의

1) AMADEUS와 항공사 의 작업 처리 방식에 대한 협정으로 LEVEL별로 차이가 있다.
2) AVAILABILITY 조회 시 ACCESS LEVEL별 INDICATOR 표시

2. 항공사별 ACCESS LEVEL 조회

GGPCALACC

```
>GG PCA LACC
                          GGPCALACC                    EN   03MAY13
 0130Z
AMADEUS  PARTICIPATING  CARRIERS :
ACCESS LEVEL
FOR DECODING OF ACCESS LEVEL ENTER   GP1
                       ACC LSA      DYN NUM
CC  CARRIER NAME                IND IND AAS SCH AVL ADA DIR STD
-------------------------------------------------------------------
AA  AMERICAN AIRLINES            .  /   YES      YES YES
AB  AIR BERLIN                   /  /   YES YES YES YES
```

```
AC  AIR CANADA               / /  YES YES YES YES YES
AD  AZUL LINHAS AEREAS B     .    YES
AE  MANDARIN AIRLINES        . /  YES     YES YES
AF  AIR FRANCE               / /  YES YES YES YES
AH  AIR ALGERIE              .    YES         YES
AI  AIR INDIA LIMITED        / /  YES YES YES YES YES
AM  AEROMEXICO               / /  YES YES     YES YES
AP  AIRONE S.P.A.                                 YES
AR  AEROLINEAS ARGENTINA     / /  YES YES YES YES YES
AS  ALASKA AIRLINES          / /  YES YES YES     YES
AT  ROYAL AIR MAROC          / /  YES YES YES YES
AU  AUSTRAL LINEAS AEREA     : /      YES YES
AV  AVIANCA                  / /  YES YES YES YES
                            ACC LSA    DYN NUM
```

3. 종류 및 특징

종 류	특 징
STANDARD ACCESS(BLANK)	① 가장 낮은 Level **② 스케줄과 좌석 수 모두 업데이트 되지 않음(실시간 조회 아님)** ③ HK라 하더라도 항공사에서 12H 이내 Reject 할 수 있음(승객에게 12H 이내에 확정 INFO 주면 안 됨. 12H 이후에 줄 것) ④ ET 이후 항공사에 MSG 전송 ⑤ 예) BH 항공 AN10JANYVRYXT/ABH → SS1Y1 → SS1 → ER → HK1 GGPCABH → "ACCESS INDICATOR"가 Blank 처리되어 있음
DIRECT ACCESS (*)	① 항공사에서 Reject 하지 않음, 확약된 좌석은 확실 ② 스케줄과 좌석 수 실제로 조회 가능 ③ D/A Availability 조회 – 공통 : 기본 Availability 조회 → ACL1 (1: LINE 번호) GGPCAMH : Direct Access AN10JANICNKUL/AMH ACL1(D/A로 요청) – 항공사별 : 항공사마다 Direct Access 조회 요청하는 Entry가

종 류	특 징
	다름(Special Entry) 1) HE DIR MH 2) MS022 3)1MHAD19JANICNKUL (21번 Availability부터 조회됨) ※ D/A 조회 요청 후 LINK 시간은 **3분간 지속됨.** 3분 경과 시 재조회 필요 ④ D/A는 하나의 Level이라기보다는 하나의 방법이라고 볼 수 있음. MH는 Access Sell Level이지만 D/A 요청 가능 ⑤ Level이 높은 항공사라면 D/A Entry를 사용할 필요 없음
ACCESS UPDATE(1) (:)	① **스케줄은 업데이트 되나 좌석 수는 업데이트 되지 않음(좌석은 정확하지 않음)** SSIM(Standard Schedule Interchage Message) ③ 예약 후 항공사에서 Reject 가능
ACCESS UPDATE(2) (:)	① **Update 1(스케줄 업데이트) + Last Seat Availability** ② 좌석 판매 후 Reject 될 가능성은 낮지만 여전히 판매 형태는 Standard Access와 같음 ③ AN10JANANCDLG/AKS : 좌석 수가 모두 "4"로 표시 → KS는 Access Update 1에 해당 GGPCAKS : LAST SEAT AVAIL INDIC : Blank 표시 → Update 1에 해당 GGPCAOS : Last Seat Availability INDIC : "/" → Update 2에 해당
ACCESS SELL (.)	① **SKD와 좌석 수 모두 업데이트 되지 않음** ② 좌석 있을 경우 : DK 또는 HK로 예약됨 ③ PNR을 저장하기 이전에 구간 예약 즉시 CFM됨 ④ Availability 조회 시 Access Sell 항공사의 좌석이 있다면 바로 CFM됨(Reject 가능성 전혀 없음) ⑤ 좌석을 정확히 조회하기 위해 Dynamic Availability를 이용해야 함 ※ Polling 방식 : 선택해서 마켓별로 지원하는 방식 AN10JANPEKSYD/ACA - CA 항공사는 Dynamic Availability 지원하지 않는 항공사임(우측 도시 왼쪽에 "/" 표시 없음) GG PCA CA : LAST SEAT AVAIL INDIC : "/" → 그러나 Availability 화면에서는 Last Seat 지원 안 됨 → GG 페이지와 Availability 불일치 → 강사 의견 : 시스템 에러인 것 같다함. GG 페이지가 더 정확

종 류	특 징
FULL ACCESS(1) (/)	① Access Update 1과 결합 ② **스케줄 업데이트됨, Last Seat은 불가** ③ 판매 후 Access Sell과 동일 ④ HK 후 바로 CFM 안내 가능
FULL ACCESS(2) (/)	① **스케줄 업데이트 확인 가능, 좌석 업데이트 확인 가능** ② 판매 후 HK면 CFM ③ 가장 높은 Access Level

4. 종류별 정확성 순서

종 류	특 징
Standard Access( )	12시간 내 Reject 가능. Last Seat Availability 조회 불가
Direct Access Level(*)	직접 항공사 System과 접속하여 조회 업데이트된 스케줄 /Availability 조회 가능 12시간 내 Reject 가능
Amadeus Access Update(:)	Real Time Update 좌석 수 재확인 필요
Amadeus Access Sell(.)	좌석 판매 후 Polling을 통해 좌석이 있으면 확약
Full Access(/)	Real Time Update Last Seat Availability 조회 불가

종합문제

1. 다음 기록에서 예약 상태 코드를 정리하는 ENTRY는?

```
1.1LEE/SOMIMS
  A4LKE4L 12JUL EN72SN/355-3533 -E-TICKET-
5 DL4921 Q SA 2JUN MDTDTW KL1 E 0600 0737 DA-GXTC37
6 DL 159 Q SA 2JUN DTWICN KK1 E 1230 1520*1 DA-GXTC37
  FONE-A4L-T 02-777-9705 ENTERWORLD SONG/SEOMINMS
2.ZK8-T 02-3705-8280 OLT
3.ZK8-T 02-3705-8280 OLT
4.A4L-H 02-372-5989 LEE/SO MI MS
```

2. 특정도시 – 뉴욕 – 근처의 공항 리스트를 확인하는 ENTRY를 적으시오.

3. 다음 중 특정 예약기록에서 1번 여정 좌석 배치도(SEAT–MAP)를 확인하는 ENTRY는?

4. 미국의 신시네티(CINCINNATI)의 도시코드를 기재하시오.

5. 다음 중 중국내 도시코드가 아닌 것은?

① SIA ② WUH ③ APW ④ NKG

6. 다음 조건을 충족시킬 수 있는 Availabillity Entry를 기재하시오.

조건) 12월 15일 SEL–BKK, 12월 20일 BKK–SEL, TG항공으로 조회
(조건을 충족하는 가장 짧은 Entry만 정답으로 인정)

7. 아래 Availability에 대한 설명으로 틀린 것을 고르시오.

```
AVAILABILITY - AN ** SEL SEOUL.KR 255 MO 10MAR 0000
1 KE 002 P6 A6 J9 C9 D9 I9 Z9 /HNL M ICN 1110 1945+1E1/333 13:35
          O9 Y9 B9 M9 H9 E9 K9 Q9 T9 GR X9
2 HA:KE7896 C9 Y9 B9 M9 H9 E9 K9 /HNL Z ICN 1115 1635+1E0/763 TR 10:20
3 HA 449 J0 P4 C0 A0 D0 Y0 W0 HNL Z KIX 1 1405 1815+1E0.332
          X0 Q0 V0 B0 S0 N0 M0 I0 H0 G0 T0 K0 L0 Z0 O0
  KE2728 P9 A9 J9 C9 D9 I9 Z9 /KIX 1 GMP I 1955+1 2145+1E0/744 12:40
          O9 Y9 B9 M9 H9 E9 K9 Q9 T9 GR X9
4 UA 879 F3 A3 J9 C9 D9 Z9 P9 /HNL M NRT 1 1140 1530+1E0/777
          Y9 B9 M9 E9 U9 H9 Q9 V9 W9 S9 T9 L9 G0 N0
  KE:JL5207 J9 C9 D9 I9 X9 Y9 B9 /NRT 1 ICN 1700+1 1925+1E0/73H 12:45
            H9 K9 M9 V9 S9 N9 Q9
```

① 1번 KE 002편을 탑승하는 경우 중간 경유지가 1군데 있다.

② 2번 스케줄로 예약하는 경우 실제 탑승 항공사는 HA 항공이다.

③ 3번 스케줄을 예약하는 경우 서울에 도착하게 되는 날짜는 3월 11일이다.

④ 4번 스케줄로 예약하게 되면 서울까지 도착하는 데 총 12시간 45분이 소요된다.

8. 3월 15일 이후 서울 – 비엔나 운항 요일은?

9. 승객의 여정이 미확정인 경우 입력 지시어는?

항공사 : KE 날짜: 12월 1일 구간 : ICN FRA

10. 4월 1일 출발 KE905의 비행시간은?

11. 비항공운송 구간을 나타내는 Entry는?

12. 항공사 FINAIR의 항공사 코드 조회 지시어는?

13. PNR의 각 ELEMENT 지시어를 쓰시오.

14. PNR 조회 지시어를 아는 대로 쓰시오.

(PNR NO: 1234-4444, 출발날짜 : 10DEC , 승객명 : HONG/KILDONG)

15. 다음은 PNR에 대한 내용이다 맞으면 O 틀리면 X 하시오,

① PNR의 필수 구성요소는 성명, 여정, 연락처, 예약의뢰자, Ticket arrangement이다.

② PNR 저장 이후에 일부 승객명을 삭제하면 좌석은 자동으로 줄어든다.

③ 중간에 비항공운송 구간이 발생하더라도 ARNK를 입력할 필요는 없다.

④ 여정을 출발 순서대로 입력하지 않았을 경우 PNR 저장을 위해 여정순서 조정이 필요하다.

⑤ PNR 완성 후 수정사항이나 추가사항이 있을 경우 매번 예약의뢰자를 입력하여야 한다.

16. 아래 PNR에 대한 설명으로 옳은 것을 고르시오.

```
--- RLR ---
RP/SELK13UA3/SELK13UA3  AA/SU  28JUN13/1126Z  ZV5L6Y
 7770-3083
 1.KIM/AAAMR  2.KIM/BBBMS
 3 KE5711  Y  10MAR  1  GMPHND  HK2  0800  1005  10MAR  E  KE/ZV5L6Y
 OPERATED  BY  JAPAN  AIRLINES
 4 JL  091  Y  20MAR  4  HNDGMP  HL2  0825  1100  20MAR  E  JL/ZV5L6Y
 5 AP  -02-726-1234  TOPAS  TOUR
 6 APM  010-1234-5678/P2
 7 TK  OK28JUN/SELK13UA3
 8 OPW  SELK13UA3-10OCT:2100/1C7/KE  REQUIRES  TICKET  ON  OR  BEFORE
   11OCT:2100/S3
 9 OPC  SELK13UA3-11OCT:2100/1C8/KE  CANCELLATION  DUE  TO  NO  TICKET/S3
```

① 발권 시한은 6월 28일까지로 이때까지 발권하지 않으면 여정은 전부 자동 취소된다.
② 승객이 실제 탑승하는 항공사는 모두 JL 항공이다.
③ GMP-HND 구간 출발 요일은 월요일이다.
④ JL 091편의 좌석 상태는 현재 대기자 상태이다.

17. 다음 중 PNR의 각 Element에 대한 기본 Entry로 맞는 것은?

① 성명 : NN
② 전화 : PH
③ 여정 : SS
④ Remarks : RE

18. 다음 중 아래 PNR의 수정/삭제에 대한 설명으로 잘못된 것을 고르시오.

```
--- RLR ---
RP/SELK13UA3/SELK13UA3  AA/SU  28JUN13/1126Z  ZV5L6Y
 7770-3083
 1.KIM/AAAMR  2.KIM/BBBMSTR(CHD/25DEC05)
 3  KE5711  Y  10MAR  1  GMPHND  HK2  0800  1005  10MAR  E  KE/ZV5L6Y
    OPERATED  BY  JAPAN  AIRLINES
 4  JL  091  Y  20MAR  4  HNDGMP  HL2  0825  1100  20MAR  E  JL/ZV5L6Y
 5  AP  -02-726-1234  TOPAS  TOUR
 6  APM  010-1234-5678/P2
 7  TK  OK28JUN/SELK13UA3
 7  SSR  CHLD  JL  HK1  02MAR09
 8  SSR  CHLD  KE  HK1  02MAR09
```

① JL 091편의 날짜를 25MAR로 변경하는 Entry는 SB25MAR4이다.
② 2번 승객의 휴대폰 번호를 삭제하는 Entry는 XE6이다.
③ 2번 승객의 생년월일을 수정하는 Entry는 (CHD/15MAR07)P2이다.
④ 여정을 전체 취소하고자 하는 경우 XI Entry를 사용할 수 있다.

※ 다음 내용이 맞으면 0 틀리면 X 하시오(19번 ~ 21번 문제).

19. CHD가 있는 PNR인 경우 SR 사항으로 CHLD를 입력하지 않아도 CHLD는 자동으로 입력된다.

20. PNR을 저장하지 않은 상태에서 승객명을 삭제하면 좌석수가 맞지 않아 다시 예약해야 한다.

21. 보호자 1명당 INFANT 동반은 1명까지만 가능하며 나머지 INF는 CHILD로 처리해야 한다.

22. 주코드 CAS를 Decode하는 Entry를 기재하시오.

23. 아래 조건에 부합하는 가장 저렴한 운임의 KE Booking Class를 고르시오.

> 1. 3/1 출발, SEL-SIN-SEL, KE 이용
> 2. 체류기간 : 10개월, 일반석

24. 다음 중 1번 승객, 야채식(VGML)을 요청하는 Entry로 맞는 것을 고르시오.

① 41F VGML ② 4F VGML/P1

③ S1R VGML ④ SR VGML/P1

25. 다음 조건으로 PNR을 작성한 뒤에 Origin PNR을 복사해서 붙이시오.

> 승객 : 본인 + 송중기 + 강동원승객(남) - 총 3명
> 여정 : 4월 27일 서울 - 파리, AF, BKG CLS Y
> 5월 10일 파리 - 서울, AF, BKG CLS Y
> 전화 : 여행사 전화번호, 1번 승객 휴대폰 번호
> PNR 저장 후 1번 승객 돌아오는 날짜 변경 : 5/10 → 5/15
> (지정하지 않은 PNR 필수 구성 요소는 임의 입력)

| 제2부 | 애바카스

ABACUS

제 1 장 항공예약과 BOOKING CLASS

제 2 장 항공예약 들어가기

제 3 장 DECODE와 ENCODE

제 4 장 예약가능편(AVAILABILITY)과 스케줄 TIME TABLE

제 5 장 PNR의 여정 작성

제 6 장 PNR의 이름(NAME FIELD)

제 7 장 PNR의 연락처(PHONE FIELD)와 PNR의 저장과 취소

제 8 장 PNR 조회

제 9 장 PNR 작성과 예약 코드

제10장 PNR의 선택사항 1

제11장 PNR의 선택사항 2

제12장 DIVIDE

제13장 사례별 PNR 작성

종합문제

제 1 장

항공예약과 BOOKING CLASS

[항공예약과 BOOKING CLASS]

예약을 시작으로 항공권이 발권되기까지의 흐름을 살펴보면 다음과 같다.

운임 조회 및 결정

▼

적용운임의 BOOKING CLASS에 따른 예약(PNR) 완성

▼

적용하고자 하는 공시운임 입력

▼

전자항공권 발권

위의 흐름에서와 같이 승객에게 적용되는 운임에 따라 예약에 관련된 BOOKING CLASS가 다르게 적용되므로 여기서는 운임에 따른 적용 BOOKING CLASS의 내용까지만을 살펴보기로 한다.

〈참고〉

운임은 공시가와 판매가로 나누어지며 공시가는 시스템을 통하여 조회가 가능하나 판매가는 각 항공사마다 다르게 측정되어 있으므로 시스템을 통하여 조회가 가능한 항공사와 불가능한 항공사로 나누어지므로 여기서는 시스템으로 확인할 수 있는 공시가를 기준으로 하였다.

1. 운임 조회 및 결정

운임의 종류는 여행기간, 여행조건 등에 따라 정상운임(NORMAL FARE)과 특별운임(SPECIAL FARE)으로 구분되어진다.

[운임조회 지시어]

```
FQSELTYO-OZ
```

```
SEL-TYO        CXR-OZ        MON 02JAN12                        KRW
 CX  0/ 0/ 1  JL  7/ 0/18  KE  9/ 0/ 9  NH  6/ 0/30  NW  1/ 0/ 0
 UA  1/ 0/ 0
 //SEE FQHELP FOR INFORMATION ABOUT THE NEW FARE DISPLAYS//
SURCHARGE FOR PAPER TICKET MAY BE ADDED WHEN ITIN PRICED
     *** SEE N*/STAR ALLIANCE JAPAN PASS ***
 *** OZ DOES NOT PUBLISH REQUESTED FARES SEL-TYO ***
 *** BELOW ARE YY REQUESTED FARES SEL-TYO VALID ON OZ ***
   OZ  SELTYO.EH        09NOV09             MPM   910
  ADT-ADULT PSGR
    V FARE BASIS AP  FARE-OW   FARE-RT BK  SEASON MINMAX RTG
        운임의 종류                        ↳ booking class
   1.  MPX2KR    -                574000 M#  -----  2/ 14  EH01
   2.  YRT       -                669900 Y   -----   -/  - EH01
   3.  YOW       -  351700               Y   -----       - EH01
   4.  CRT       -                985200 C   -----       - EH01
   5.  COW       -  517300               C   -----       - EH01
   6.  FRT       -               1189000 F   -----       - EH01
   7.  FOW       -  624300               F   -----       - EH01
 EH01*  /WITHIN THE EASTERN HEMISPHERE/ PUBLISHED MPM 910
        TICKETED POINT DEDUCTION OF 700 MILES APPLIES
```

☞운임 조회 시 일반적으로 성인을 기준으로 운임을 보여준다.

1) FARE BASIS의 구성요소의 이해

FARE TYPE	F	FIRST CLASS
	C	BUSINESS CLASS
	Y	ECONOMY CLASS
SEASON CODE	H	HIGH SEASON(성수기)
	L	LOW SEASON(비수기)
WEEK CODE	W	WEEKEND(주말)
	X	WEEKDAY(주중)
FARE TYPE	EE	EXCURSION FARE(왕복운임)
	PX	PURCHASE EXCURSION FARE(판촉왕복운임)

〈사례〉 FARE BASIS의 해석

BHEE4KR	보통석(B)/성수기(H)/EXCURSION(EE)/4KR(한국 4지역)
BLEE4KR	보통석(B)/비수기(L)/EXCURSION(EE)/4KR
2KR	보통석(M)/PURCHASE EXCURSION/2KR(한국 2지역)

2) 정상운임(NORMAL FARE)

편도운임 또는 왕복운임으로 공시되어 있으며, 예약변경, 발권일시 제한, 환불 등의 제반조건에 제한이 없으며 유효기간은 발권 후 1년 혹은 여행 개시 후 1년 이내 사용해야 한다.

FARE BASIS는 F, C, Y 등으로 표시된다.

V	FARE BASIS	AP	FARE-OW	FARE-RT	BK	SEASON	MINMAX	RTG
1.	MPX2KR	-		574000	M#	---	2/ 14	EH01
2.	**YRT**	-		**669900**	**Y**	---	-/	- EH01
3.	YOWV	-	351700		Y	---	-/	- EH01
4.	CRT	-		985200	C	---	-/	- EH01
5.	COW	-	517300		C	---	-/	- EH01
6.	FRT	-		1189000	F	---	-/	- EH01
7.	FOW	-	624300		F	---	-/	- EH01

〈사례〉 성인 1명 일반석 요청

구 간	:	서울 - 동경 - 서울	
날 짜	:	3/01	4/01
항공사	:	OZ	OZ

승객의 여행기간이 1개월이므로, 정상가인 "Y" 왕복요금을 적용하여 669900원으로 적용 BOOKING CLASS는 Y로 예약하면 된다.

3) 특별운임(SPECIAL FARE)

일반석 승객을 상대로 선구입조건, 최소 체류기간, 최대 체류기간, 예약변경 등의 제한조건을 가지고 있으며, 유효기간은 운임의 종류에 따라 14일부터 6개월 등 다양하다.

FARE BASIS는 MPX2KR, BHEE4KR 등이 있다.(OZ 기준)

V	FARE BASIS	AP	FARE-OW	FARE-RT	BK	SEASON	MINMAX	RTG
1.	**MPX2KR**	-		**574000**	**M#**	---	2/ 14	EH01

〈사례〉 성인 1명 일반석 요청

구 간 :	서울 - 동경 - 서울	
날 짜 :	3/01	3/10
항공사 :	OZ	OZ

승객의 여행기간이 10일이므로, 특별가인 14일 왕복요금을 적용하여 574000원으로 적용 BOOKING CLASS는 M으로 예약하면 된다.

2. 적용된 운임의 BOOKING CLASS에 따른 예약(PNR) 완성

예약의 기본사항인 이름, 여정(좌석), 연락처를 입력하여 완성한 예약화면이다.

```
<PNR - BBOBOY>
 1.1HONG/GILDONGMR
 1 OZ 102 M 01MAY 6 ICNNRT  HK1  1000  1210 /DCOZ*I9T0R7 /E
 2 OZ 101 M 05MAY 3 NRTICN  HK1  1330  1600 /DCOZ*I9T0R7 /E
PHONES
  1.SEL 02-777-8888 ABC TRVL JUNG-T
  2.SEL 010-777-8888-T
PASSENGER DETAIL FIELD EXISTS - USE PD TO DISPLAY
TICKET RECORD - NOT PRICED
GENERAL FACTS
  1.SSR ADTK 1B NBR TO OZ BY 13NOV10 SEL//OR WL BE XXLD
RECEIVED FROM - P
Z0F8.Z0F8*ANU 0708/06NOV09 BBOBOY H
```

〈PNR-BBOBOY〉	PNR(Passenger Name Record) 승객 고유의 예약번호
1.1HONG/KILDONG MR	승객의 이름
1 OZ 301M01MAR....	승객의 항공여정
1 SEL 02-777-8888 ...	승객의 연락처

3. 여정표

• 담당: 정호진 (본 메일은 발신 전용으로 회신 되지 않습니다.)
• TEL: 0429964500

abacus

전자 항공권 발행확인서(e-Ticket Passenger Itinerary Receipt)

승객정보 (Passenger Information)

- **승객명(Passenger Name)** : AA/AA
- **전자항공권번호(Ticket Number)** : 988 3606493882
- **예약번호(Booking Reference)** : IZQZKJ/1B (OZ-QQQQQQ)

여정 (Itinerary) OZ 인터넷 좌석 체크인

Departure(출발) Arrival(도착)	Departure Time Arrival Time	Terminal (터미널정보)	Class	Status	Fare Basis	Not Valid Before	Not Valid After	B.A
OZ 603 ASIANA AIRLINES								
SEOUL INCHEON INT SAIPAN	20OCT09 20:10 21OCT09 01:40		ECONOMY /Y	OK	YRT		20OCT10	PC
OZ 604 ASIANA AIRLINES								
SAIPAN SEOUL INCHEON INT	25OCT09 02:50 25OCT09 06:30		ECONOMY /Y	OK	YRT		20OCT10	PC

항공권정보 (Ticket Information For Airline Staff)

- **ISSUING** : 14JUL09 ASIANA AIRLINES ABACUS TRAINING ROO SEOUL KR 9999999
- **Restriction & T/C** : NON ENDOS · **TOUR CODE:**
- **Fare Calculation** : SEL OZ SPN351.24OZ SEL351.24NUC702.48END ROE1252.67 XFSPN4.5 XFSPN4.5
- **Fare & TAX** : KRW 880,000 EQUIV AMT PD: TAX: 28000BP 3400AY 6000XF
- **Total Amount/FOP** : KRW 917,400 · **FORM OF PAYMENT:** BANKCARD

드리는말씀 (Remarks)

연습문제

1. 승객이 서울-홍콩 구간을 OZ를 이용하여 21일간 여행하고자 한다.
   적용 BOOKING CLASS는 무엇인가?

2. 승객이 서울-홍콩 구간을 OZ을 이용하여 40일간 여행하고자 한다.
   적용 BOOKING CLASS는 어느 것인가?

제 2 장

항공예약 들어가기

1. 초기화면

여행사에서 CRS 회사를 통하여 GDS/CRS를 일정한 절차를 통해 CRS/GDS를 신청하면 최초 설치 시 바탕화면에 아이콘(ABACUS)이 만들어진다. 또한 그 아이콘을 CLICK하면 자동 접속할 수 있도록 하였으며, 아이콘이 없을 경우에도 인터넷을 통하여 접속할 수 있게 하였다.

1) 애바카스 초기화면

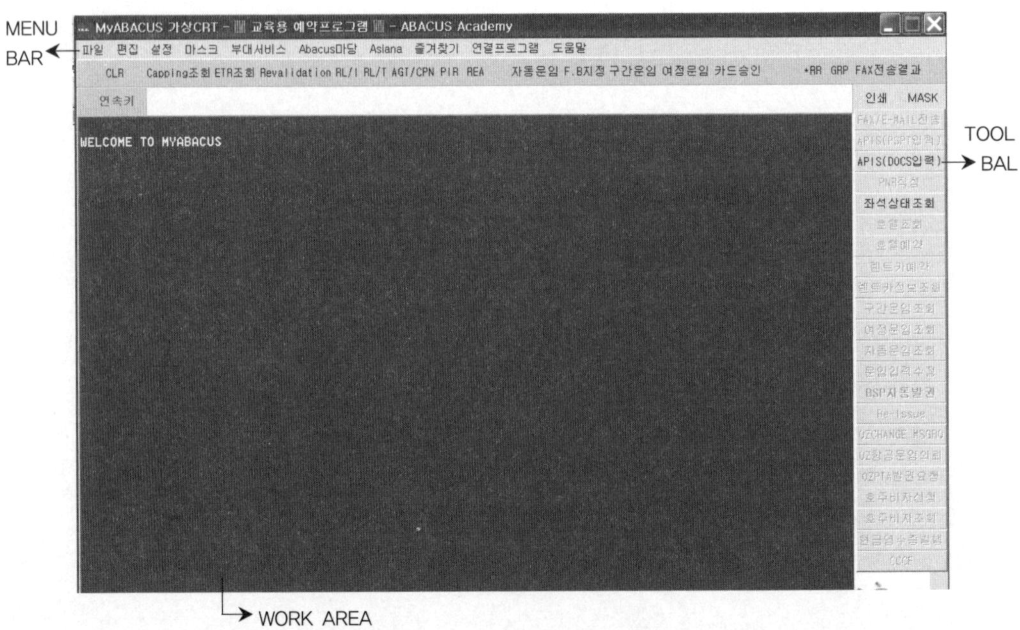

MENU BAR	화면편집, 화면설정, Abacus 홈페이지 접속, Asiana 항공 홈페이지 접속 등 업무수행에 필요한 웹화면이 쉽게 찾을 수 있도록 구성되어 있다.
TOOL BAR	전문 지시어를 사용하지 않고 MASK를 통하여 필요한 내용을 입력하면 자동으로 지시어를 생성하여 작업을 수행할 수 있어 초보자에게 유용하게 사용되고 있다.
WORK AREA	사용자가 지시어를 사용하여 항공예약, 발권 업무를 수행할 수 있는 화면이다.
|	깜빡깜빡하여 지시어의 시작을 나타내는 부호로써 명칭은 Cursor로 글자가 입력될 때마다 다음 자리로 이동한다.

2) KEY BOARD의 사용

KEY BOARD	기능
Enter↵	Enter기능, 지시어 작업 수행
Pause	화면 전체를 지워주며(Clear) Cursor나 SOM을 화면상단 좌측으로 이동시킴
Home	Cursor를 해당 줄 맨앞으로 이동시킴
End	Cursor를 해당 줄 맨뒤로 이동시킴
Page Up, Page Down	전 화면 조회, 다음 화면 조회
Ctrl + ↑	바로 전 지시어를 재생하고자 할 경우
Ctrl + ↓	바로 후 지시어를 재생하고자 할 경우

3) 특수기호의 종류

특수기호	명칭	설명
*	Asterisk, Astar	예약기록을 조회(Display), 정리
@	Lozenge	입력내용 수정 및 삭제
–	Hyphen	이름 입력 지시어, 연속적인 범위 지정
/	Slash	다른 내용 입력 분류기능, 비연속적인 범위 지정
|	And The Item	복수의 지시어 연결

2. SIGN IN & OUT

CRS 사용자에게 부여되는 고유의 LOG-IN 번호가 SIGN이다. 예약발권 업무 수행을 위해서는 화면상에 SIGN을 입력하여야만 업무를 수행할 수 있으며, 예약기록에는 사용자 고유의 SIGN 번호가 남게 된다.

1) SIGN IN(입력)

SI1234"ABACUS1

SI	Sign을 입력하는 지시어(Sign In)
1234	사용자 개인에게 주어지는 고유의 ID번호
"	연결부호
ABACUS1	사용자 개인에게 주어지는 고유의 비밀번호 Password 역할

```
SI1234"ABACUS1
Z0F8.Z0F8*ANU.A
06NOV
          ** G R E E T I N G S   F R O M   A B A C U S **
          ----------------------------------------------------------------
* ABACUS WELCOMES OASIS HONG KONG AIRLINES -O8- AS ITS LATEST *
    * PARTICIPATING CARRIER EFFECTIVE 20 APRIL 2007.   *
--------------------------------------------------------------------------------
- HOTEL NIKKO HONGKONG - SPRING PROMOTION RATES FROM HKD1,450
  FOR A SUPERIOR ROOM TILL 5 MAY 2007. RATES UNCOMMISSIONABLE.
--------------------------------------------------------------------------------

EDU SIMULATOR STARTED.
```

☞ FUNCTION KEY(F1)을 누르면 자동으로 SIGN 입력 지시어가 생성되어 동일한 효과가 나타난다.

2) 각 작업장 SIGN IN 지시어

```
SIB1234"ABACUS1
```

※ B 작업장에 Sign In

3) 작업장 상태 확인

애바카스를 이용하여 업무를 수행할 수 있는 작업장은 총 5개로 각 작업장(AREA)을 각각 A, B, C, D, E작업장이라 부르며 여러 작업장을 활용하여 서로 다른 예약 기록 작성을 동시에 수행할 수도 있다. 단, SIGN이 입력된 작업장만 활용이 가능하므로 현재 작업장의 SIGN입력 여부를 확인하는 지시어는 다음과 같다.

```
DI
```

```
DI
Z0F8.Z0F8*AOZ.A
ACTIVE  AGENT  -  SELNMC  -  1234  -  Z0F8
    KR  T-ET            I-94            H-94            C-111
```

☞ AREA A작업장만이 SIGN이 입력된 상태로 ACTIVE AGENT로 표시 현재 사용 중인 작업장임을 나타낸다.

4) SIGN OUT(삭제)

현재 사용 중인 작업장의 SIGN을 인위적으로 삭제하는 지시어는 다음과 같다. SIGN은 장시간 사용하지 않거나, 화면을 닫을 경우 자동으로 SIGN이 삭제되며, 어떤 지시어를 입력하였을 때 "PLEASE SIGN IN" 혹은 "SIGN IN"이라는 응답이 나왔을 경우에는 SIGN이 빠졌다는 뜻이므로 SIGN을 다시 입력하여야 한다.

```
SO
```

```
SO
A SIGNED OUT
```

☞ 현재의 작업장에서 SIGN을 삭제(Out)한다.

```
SO*
```

전체작업장 SIGN을 삭제(out)한다.

〈정리〉

내용	애바카스
SIGN 입력	SI1234"ABACUS1
SIGN 입력된 작업장 확인	DI
현재의 작업장의 SIGN OUT	SO
전체작업장 SIGN OUT	SO*

연습문제

1. 다음은 SIGN에 대한 문제이다. 맞는 것을 고르시오.

① 하나의 작업장에 여러 개의 SIGN을 동시에 넣고 자유롭게 일할 수 있다.
② 사용 중인 컴퓨터 전원을 끄면 SIGN은 자동으로 삭제된다.
③ 작업장은 총 7개까지 생성할 수 있다.
④ 어떤 지시어를 입력했을 때 "PLEASE SIGN IN"이라는 응답이 나오는 것은 이미 SIGN이 입력되어 있다는 뜻이다.

2. 아래와 같은 응답화면이 조회되었다. 조치해야 할 사항은?

```
WELCOME TO MYABACUS
127JANSELNRT
  PLEASE SIGN IN
```

① SIGN 입력 시 나타나는 ABACUS 관련 뉴스이다.

② 먼저 SIGN을 입력하라는 지시어다.

③ AVAILABILITY 지시어를 연속해서 지시하라는 응답화면이다.

④ AVAILABILITY 지시어가 맞지 않으니 올바른 지시어를 입력하라는 응답화면이다.

3. 아래와 같은 응답화면이 나오기 위한 지시어는?

```
K6K8.K6K8*AOZ.A
ACTIVE AGENT - SELNMC - 9276 - *****
NO PRINTERS
```

4. 다음 중 특수기호의 기능이 바르게 연결된 것은?

① * (Asterisk) : 복수 item의 연결

② @ (Lozenge) : change

③ # (Sharp) : 연속적인 범위의 지정

④ - (Hyphen) : 비연속적인 범위의 지정

제 3 장

DECODE와 ENCODE

1. DECODE와 ENCODE

항공업무를 수행하기 위해서는 먼저 월별 코드(MONTHLY CODE)와 IATA (International Air Transportation Association) 주관하에 코드화하여 사용하고 있는 도시, 공항의 3-LETTER 코드와 항공사의 2-LETTER 코드를 알아야 한다. 이는 항공업무의 신속성과 정확성을 통한 효과적인 업무수행을 위한 것이다. 도시, 공항, 항공사의 코드를 풀어서 설명해주는 것을 DECODE라 하며 반대로 코드화시켜 주는 것을 ENCODE라 한다.

■ **월별 코드**(MONTHLY CODE)

	월	코드
1	JANUARY	JAN
2	FEBRUARY	FEB
3	MARCH	MAR
4	APRIL	APR
5	MAY	MAY
6	JUNE	JUN
7	JULY	JUL
8	AUGUST	AUG
9	SEPTEMBER	SEP
10	OCTOBER	OCT
11	NOVEMBER	NOV
12	DECEMBER	DEC

■ 주요 도시 및 공항 CODE

일반적으로 도시에 공항이 하나만 있을 경우에는 도시 코드와 공항 코드가 동일하게 사용되어지나 두 개 이상의 공항이 있는 도시일 경우 도시 코드와 공항 코드는 별도로 존재한다.

	도시명	도시 코드	공항명	공항 코드
1	TAIPEI	TPE		
2	BANGKOK	BKK		
3	HONGKONG	HKG		
4	SINGAPORE	SIN		
5	MANILA	MNL		
6	BEIJING	BJS 혹은 PEK		
7	SHANGHAI	SHA	PU DONG	PVG
8	TOKYO	TYO	NARITA	NRT
			HANEDA	HND
9	OSAKA	OSA	KANSAI	KIX
			ITAMI	ITM
10	FRANKFURT	FRA		
11	PARIS	PAR	CHARLES DE GAULLE	CDG
			ORLY	ORY
12	LONDON	LON	HEATHROW	LHR
			GATWICK	LGW
13	NEW YORK	NYC	JOHN F KENEDDY	JFK
			LAGUARDIA	LGA
			NEWARK	EWR
14	LOS NGELES	LAX		
15	SAN FRANCISCO	SFO		
16	CHICAGO	CHI		
17	VANCOUVER	YVR		
18	SEOUL	SEL	INCHEON	ICN
			GIMPO	GMP

■ 주요 항공사 코드

	항공사명	항공사 코드
1	ASIANA AIRLINES	OZ
2	KOREAN AIR	KE
3	AMERICAN AIRLINES	AA
4	AIR CANADA	AC
5	BRITISH AIRWAYS	BA
6	AIR CHINA	CA
7	CATHAY PACIFIC AIRWAYS	CX
8	JAPAN AIRLINES	JL
9	LUFTHANSA	LH
10	SINGAPORE AIRLINES	SQ
11	THAI AIRWAYS	TG
12	UNITED AIRLIES	UA

2. DECODE

도시, 공항, 항공사 코드를 풀어서 보여주는 것을 DECODE라 한다.

1) 도시 코드 조회

```
W/*LAX
```

```
W/*LAX
LAX LOS ANGELES, USA
```

☞ 도시명과 함께 해당 국가명이 조회된다.

2) 공항 코드 조회

```
W/*NRT
```

```
W/*NRT
NRT  TOKYO  NARITA,  JAPAN
```

☞ 공항명과 함께 해당 국가명이 조회된다.

3) 항공사 코드 조회

```
W/*OZ
```

```
W/*OZ
OZ-988  ASIANA  AIRLINES/ASIANA  AIRLINES
```

☞ 항공사의 항공권 번호 3자리와 항공사명이 조회된다.

3. ENCODE

1) 도시 코드 조회

```
W/-CCTOKYO
```

```
W/-CCTOKYO
TYO   TOKYO,  JANPAN
```

☞ 도시 코드와 함께 국가명이 조회된다.

2) 공항 코드 조회

```
W/-APNARITA
```

```
W/-APNARITA
     * AIRPORT NAME *              * CITY NAME *      *STATE/COUNTRY*
NRT   NARITA                      JP TOKYO NATIRA     JAPAN
    END OF DISPLAY
```

☞ 공항 코드와 함께 공항명, 해당 도시명, 해당 국가명이 조회된다.

3) 항공사 코드 조회

```
W/-ALCATHAY PACIFIC
```

```
W/-ALCATHAY PACIFIC
CX-160 CATHAY PACIFIC AIRWAYS/CATHAY PACIFIC AIRWAYS LTD
```

☞ 항공사 코드와 함께 항공사의 3자리 항공권번호가 조회된다.

4) 비행기종 조회

```
W/EQ*747
```

〈참고 1〉 PNR 조회를 위한 PHONETIC ALPHABET

예약업무 수행 시 전화상의 영문자에 대한 의사소통을 보다 원활하게 하기 위해 국제민간항공기구(ICAO : International Civil Aviation Organization)가 권장하는 음성 알파벳(PHONETIC ALPHABET)을 사용한다.

LETTER	PHONETIC ALPHABET
A	ALPHA
B	BRAVO
C	CHARLIE
D	DELTA
E	ECHO
F	FOXTROT
G	GOLF
H	HOTEL
I	INDIA
J	JULIET
K	KILO
L	LIMA
M	MICHLE
N	NOVEMBER
O	OSCAR
P	PAPA
Q	QUEBEK
R	ROMEO
S	SIERA
T	TANGO
U	UNIFORM
V	VICTORY
W	WHISKY
X	X-RAY
Y	YANKEE
Z	ZULU

〈참고 2〉 IATA(국제항공운송협회 : International Air Transport Association)

국제민간항공의 안전과 경제적인 발전을 도모하고, 동업자 간의 협력의 장을 제공하며, ICAO(국제민간항공기구 : International Civil Aviation Organization) 등의 국제기관과 연대 제휴할 것을 목적으로 1945년 캐나다 몬트리올에서 발족한 항공 운송 기업의 국제적 동업자 단체기구이다. IATA의 주요 기능은 항공운임의 결정, 결정된 운임 및 서비스의 조건, 운송절차, 대리점에 관한 규정 등 전 세계 IATA 항공사와 대리점에 대하여 구속력을 가지고 있으며 각국 정부는 이를 인정하고 있다. 또한 주요 업무로는 국제선 항공권 판매대금의 정산을 위한 BSP(Billing Settlement Plan) 및 국제선 항공화물운임 정산을 위한 CASS (Cargo Account Settlement Plan) 및 대리점 인가업무를 수행하고 있다.

〈정리〉

내용	애바카스	
	ENCODE	DECODE
도시 코드	W/-CCSEOUL	W/*SEL
공항 코드	W/-APNARITA	W/*NRT
항공사 코드	W/-ALJAPANAIRLINE	W/*JL

연습문제

1. 다음 조건에 알맞은 지시어를 찾아 해당 번호를 쓰시오.

〈ENCODE〉

① 도시 코드 조회 지시어

② 항공사 코드 조회 지시어

③ 공항 코드 조회 지시어

〈DECODE〉

① 도시 코드 조회 지시어

② 비행기종 조회 지시어

③ 공항코드 조회 지시어

〈보기〉

① W/*WAS	② W/EQ*747
③ W/*988	④ W/*NRT
⑤ W/*OZ	⑥ W/-CCSEATTLE
⑦ W/-ALASIANAAIRLINE	⑧ W/-APNARITA

2. 1～12월까지의 SEASON CODE를 쓰시오.

3. 다음 중 도시 코드의 약어와 풀이가 맞지 않는 것을 고르시오.

① VIE - VIENNA

② SAD - SANDIEGO

③ DFW - DALLAS

④ VVO - VLADIVOSTOK

제 **4** 장

예약가능편(AVAILABILITY)과 스케줄 TIME TABLE

1. 예약가능편(AVAILABILITY) 조회

항공기의 좌석예약이 가능한지를 알아볼 수 있는 기능으로써 항공편의 출발 도착시간, 좌석가능상태 등을 알 수 있다. 당일로부터 331일까지 조회가 가능하며, 조회방법에 따라 특정 항공사의 실시간 좌석상태 조회도 가능하다.

1) 일반 예약가능편(GENERAL SEAT AVAILABILITY) 조회

A01DECSELTYO	혹은	101DECSELTYO

```
01DEC   TUE    SEL/Z#9       TYO/#0
1KE       701 F4 F4 H4 B4 L4 Q4 ICNNRT 0920   1135    744 H 0 DC /E
              V4 G4 K4 C4 C4 R4 I4 W4 Y4 M4 S4 T4 X4
2NH/UA 7048 F4 A4 C4 D4 Y4 B4 ICNNRT 0950    1210     777 S 0 DCA
              H4 W4 G4
3OZ       102 C4 S4 K4 W4 G4 N4 ICNNRT 1000   1210    777 S 0 DC /E
              D4 J4 Y4 B4 M4 H4 Q4 V4
4NH/OZ 6972 C4 J4 D4 Y4 B4 S4 ICNNRT 1000    1210     777 S 1 DCA
              M4 H4

* - FOR ADDITIONAL CLASSES ENTER 1*C
```

1	01DEC TUE	요청일, 요청요일
2	SEL/Z#9	출발도시/GMT 기준으로 SEL이 9시간 빠르다는 의미
3	TYO/#0	도착도시/출발도시와의 시간차이로 SEL과 시간차이가 없음 의미
4	2NH/UA7048	예약가능편 조회의 일련번호, 항공사 코드, 비행편명 NH/UA는 공동운항(Code-Share Flight)으로 판매/운항항공사를 의미
5	F4, A4, C4, D4,Y4.	예약 등급(Booking Class) 및 예약가능 좌석 수 예약이 불가능할 경우 0으로 표시되며, 최대 9좌석까지 보여줌.
6	ICNNRT	출/도착도시(공항 코드로 표시)
7	0950 1210	출/도착시간(현지시간으로 표시)
8	777 S	기종/기내식 코드
9	0	경유지 수(Number of Stops) 0은 직항을, 1은 경유도시가 1곳 있음을 의미
10	DCA	항공사 가입 등급(Communication Link Codes) DCA = Direct Connect Availability Participant DC = Direct Connect Sell
11	/E	전자발권(Electronic Ticketing)이 가능한 Flight

A01DECLAXSEL

```
01DEC   TUE     LAX/PDT        SEL/#16
1KE        12 P4 Q4 N4 K4 M4 L4 LAXICN 0030  0505#1 744 H 0 DC /E
              C4 I4 W4 Y4 T4 H4 S4 X4
2DL/KE 7860 C4 L4 U4 T4 D4 I4 LAXICN 0031  0505#2 744 S 0 DC
              Y4 B4 M4 H4 Q4 K4
3KE        18 P4 Q4 N4 K4 M4 L4 LAXICN 1230  1705#1 744 H 0 DC /E
              C4 I4 W4 Y4 T4 H4 S4 X4
4DL/KE 7858 C4 L4 U4 T4 D4 I4 LAXICN 1230  1705#1 744 L 0 DC
              Y4 B4 M4 H4 Q4 K4
5UA/OZ 4661 F4 W4 S4 T4 K4 L4 LAXICN 1400  1830#1 74M LS 0 DCA
              C4 D4 Y4 B4 M4 H4 Q4 V4
6OZ       201 F4 L4 V4 S4 K4 G4 LAXICN 1401  1830#2 74M LS 0 DC /E
              C4 D4 J4 Y4 B4 M4 H4 Q4
```

〈참고〉

- DIRECT FLIGHT(직항편) : 출발지 · 목적지 간에 중간 경유지 없이 직행으로 운항하는 비행편을 의미
- CONNECTION FLIGHT(연결편) : 출발지 목적지 간에 직항으로 운항하는 항공편이 없는 경우 중간 기착지를 거쳐서 가는 비행편을 의미(서로 다른 항공편명의 조합)
- TRANSIT POINT : 출발지 · 목적지를 운항하는 비행기 중에 특정 지점을 경유하는 경우 해당 경유 지점을 말함

가. 선택사항 지정 지시어

A01MAYSELLAX0900	예약가능편 출발 기준시간지정 조회
A01MAYSELWAS0900/LAX	SEL에서 WAS까지 LAX에서 연결되는 예약가능편 조회

☞ 위의 지시어는 교육용 모듈에서는 조회가 불가능하다.

나. 기본 지시어 지정 후 간편 연속 지시어

A*	더 많은 예약가능편 조회
A25OCT	요청날짜 변경 조회
AR	복편(출발/도착 반대(Return)) 조회
AR25OCT	요청날짜 변경 복편조회
A*R	예약가능편 재조회

2) 특정항공사 지정 실제 예약가능편(LAST SEAT AVAILABILITY) 조회

A01SEPSELHKG@CX

```
01SEP   WED    SEL/Z#9      HKG/-1
CX RESPONSE ** DIRECT CONNECT PARTICIPANT **
 7CX 417 J9 L9 S9 V9 N9 O9 C9 D9 I9 Y9 ICNHKG 1030  1315   773 0
           B9 H9 K9 M9
```

```
A01SEPSELHKG@OZ
```

```
01SEP WED    1000 SEL - HKG HONG KONG.HK
 1*ICN HKG 0900 1150 C9 F9 N9 Q9 L9 X9 K9 V9 S9  OZ301 74E 0
                         G9 D9 Z9 J9 W9 Y9 B9 M9 H9
```

☞ 예약가능 일련번호는 OZ(1로 시작)을 제외하고 7로 시작한다. 예약가능편 조회는 일반 예약가능편(General Seat Availability) 조회보다 위와 같은 실제잔여좌석조회 방법으로 조회하는 것이 더 정확하다.

가. 특정 항공사 지정 후 간편 연속 조회 지시어

A@*	더 많은 실제 예약가능편 조회
A@23OCT	요청날짜 변경 조회
A@R	복편(출발/도착 반대(Return)) 조회
A@R23OCT	요청날짜 변경 복편조회

나. 기타 특정 항공편 세부정보 조회

예약가능편 조회 후 다음과 같은 지시어를 사용하여 특정항공편의 세부정보를 조회할 수 있다.

```
A20AUGSELLAX
```

```
20AUG   FRI    SEL/Z#9        LAX/PDT-16
1KE        17 P4 C4 Q4 N4 K4 M4 ICNLAX 1500  1030    744 H 0 DC /E
              L4 J4 I4 W4 Y4 Y4 B4 T4 H4 S4 X4
2DL/KE   859 F4 Q4 N4 V4 H4 K4 ICNLAX 1500  1030    744 S 0 DC
              A4 C4 J4 D4 Y4 B4 M4 W4
3UA/OZ 4660 F4 W4 S4 T4 K4 L4 ICNLAX 1630  1200    74M BD 0 DCA
              C4 D4 Y4 B4 M4 H4 Q4 V4
4OZ       202 F4 L4 V4 S4 K4 C4 ICNLAX 1630  1200    74M BD 0 DC /E
              G4 D4 J4 Y4 B4 M4 H4 Q4
5KE        15 C4 N4 H4 K4 J4 D4 ICNLAX 1930  1500    744 H 0 DC /E
5KE        15 C4 N4 H4 K4 J4 D4 ICNLAX 1930  1500    744 H 0 DC /E
              Y4 B4 M4 Q4 V4 W4
6DL/KE 7861 C4 L4 U4 T4 D4 I4 ICNLAX 2020  1550    744 D 0 DC
              Y4 B4 M4 H4 Q4 K4
```

▼

VA*1

```
VA*1
20AUG  FLT SEGMENT DPTR  ARVL   MEALS    EQP  ELPD MILES SM
 1 KE   17 ICN LAX 1500  1030    H        744 12.34  5678  N
CAUTION : ELPD, MILES IS SIMULATED EDUSYS INFO
```

1	20AUG	요청날짜	
2	FLT	운항 비행편 명(Flight)	: KE 017
3	SEGMENT	출발 / 도착 공항 코드	: ICN LAX
4	DPTR	출발현지시간(Departure)	: 1500
5	ARVL	도착현지시간(Arrival)	: 1030
6	MEALS	기내식 코드	: H
7	EQP	비행기종(Equipment)	: 744
8	ELPD	비행시간(Elapsed Flight Time)	: 12시간 34분
9	MILES	비행거리(Miles)	: 5678
10	SM	흡연(Smoking)여부	: N(Non-Smoking)

2. 스케줄 TIME TABLE

특정 두 구간을 운항하는 비행편의 운항요일 및 유효기간 등의 정보를 조회할 수 있는 화면으로서, 조회 지정일로부터 28일 범위 내에서 두 도 시간의 운항스케줄을 조회하는 기능이다.

1) 기본 지시어

ST10DECSELSFO

```
ST10DECSELSFO
10DEC-07JAN     MTWTFSS  SEL       SFO  SAN  FRANCISCO.US
     ①             ②               ③
                1234567  1345ICN  0840SFO  O UA 808   777  FCDZY   0
                   ④        ⑤         ⑥   ⑦    ⑧      ⑨     ⑩
                1234567  1345ICN  0840SFO    OZ6614   777  FCY     0
                ....567  1730ICN  1240SFO    SQ  16   772  CDJYM   0
                1234...  1730ICN  1240SFO    SQ  16   772  CDJYM   0
02SEP           .23.567  1825ICN  1300SFO  O KE  23   772  CIWYT   0
02SEP           .23.567  1825ICN  1300SFO  M DL7867   772  CDIYB   0
    31AUG       1234567  1825ICN  1310SFO  O KE  23   772  CIWYT   0
    31AUG       1234567  1825ICN  1310SFO  M DL7867   772  CDIYB   0
02SEP           .2.45.7  1930ICN  1400SFO    OZ 214   777  CY      0
```

1	10DEC-07JAN	운항 유효기간(Effective)
2	MTWTFSS	요일 코드(Monday, Tuesday, Wendsday ...
3	SEL SFO	출발도시 / 도착도시
4	1234567	월화수목금토일을 의미함
5	1345ICN	현지출발시간 출발공항
6	0840SFO	현지도착시간 도착공항
7	O	운항항공사(Operating Carrier) M은 판매항공사(Marketing Carrier)를 뜻함
8	UA808	항공편명
9	777	비행기종
10	FCDZY	제공되는 Class

2) 특정 항공사 지정 스케줄 조회

ST01JUNSELNYC/OZ

```
ST01JUNSELNYC/OZ
01JUN-29JUN    MTWTFSS   SEL        NYC  NEW  YORK.US
                ..3..6.   1940ICN    2030JFK  OZ 222   74M   FCY   0
      15AUG     1...5..   1940ICN    2030JFK  OZ 222   747   FCY   0
18AUG 31AUG     1...5.7   1940ICN    2030JFK  OZ 222   747   FCY   0
01SEP           1...5..   1940ICN    2030JFK  OZ 222   747   FCY   0
                ..3..6.   1940ICN    2030JFK  OZ 222   74M   FCY   0
      15AUG     1...5..   1940ICN    2030JFK  OZ 222   747   FCY   0
18AUG 31AUG     1...5.7   1940ICN    2030JFK  OZ 222   747   FCY   0
01SEP           1...5..   1940ICN    2030JFK  OZ 222   747   FCY   0
```

☞ 기본 형태에 상기와 같이 특정 항공사를 지정하여 조회하면 해당되는 항공사의 운항 스케줄만 표시된다.

3) 스케줄 조회 후 출발지와 도착지 변경 연속 지시어

STB

```
STB
01JUN-29JUN    MTWTFSS   NYC        SEL  SEOUL.KR
                ..3..6.   2350JFK  0630ICN*2  OZ 221   74M   FCY   1
      15AUG     1...5..   2350JFK  0630ICN*2  OZ 221   747   FCY   1
18AUG 31AUG     1...5.7   2350JFK  0630ICN*2  OZ 221   747   FCY   1
01SEP           1...5..   2350JFK  0630ICN*2  OZ 221   747   FCY   1
                ..3..6.   2350JFK  0630ICN*2  OZ 221   74M   FCY   1
      15AUG     1...5..   2350JFK  0630ICN*2  OZ 221   747   FCY   1
```

☞ 출발지와 도착지가 변경되어서 조회된다.

〈정리〉

내용	애바카스
일반적인 예약가능편 조회	A01MAYSELHKG#OZ
특정항공사 지정 실제잔여 좌석 예약가능편 조회	A01MAYSELHKG@CX
스케줄 TIME TABLE 조회	ST01MAYSELHKG
특정항공사 지정 스케줄 TIME TABLE 조회	ST01MAYSELHKG/SQ

연습문제

1. 다음의 주어진 조건으로 좌석 가능 상태(AVAILABILITY)를 조회하는 지시어는?

출발일자	: 9월 27일
출발지	: 서울(SEL)
목적지	: 로스앤젤레스(LAX)
항공사	: 아시아나항공

2. 아래의 응답화면에 대한 설명으로 바르지 않은 것은?

```
01DEC TUE    1000 SEL - TYO TOKYO.JP
 1*ICN NRT 1000 1210 C9 S9 K9 W9 G9 N9 D9 J9 Y9  OZ102 777 0
                     B9 M9 H9 Q9 V9
```

① 항공편 출발일자

② 출발지와 목적지 간의 시차

③ 항공편의 출발시간과 도착시간 ④ 경유지 횟수

3. 아래와 같은 응답화면 조회 후 날짜만 25OCT로 변경하여 예약가능편을 조회하고 싶다. 날짜지정 연속 조회 지시어는 다음 중 어느 것인가?

```
 20OCT  WED   SEL/Z#9     PAR/-7
1AF     267 P4 K4 H4 W4 T4 V4 ICNCDG 1240  1735   777 MS 0 DCA /E
            F4 A4 J4 C4 D4 Z4 O4 Y4
2KE     901 P4 L4 Q4 B4 V4 K4 ICNCDG 1330  1825   744 H 0 DC /E
            C4 I4 W4 Y4 E4 S4 T4 H4
```

① AR25OCT　② A25OCT
③ A@25OCT　④ A@R25OCT

4. 아래 화면은 운항스케줄 조회 응답화면이다. 응답화면 해설로 틀린 것은?

```
01JAN-29JAN   MTWTFSS  SEL      PAR PARIS.FR
               1.34567  1240ICN  1735CDG   AF 267   777  PFJCD  0
                 .2.....  1240ICN  1735CDG   AF 267   777  PFJCD  0
               1234567  1330ICN  1825CDG   KE 901   744  PCIWY  0
```

① AF267편은 매일 12:40 인천공항에서 출발하여 파리공항 17:35분에 도착한다.
② 28일 동안의 운항 스케줄을 보여준다.
③ KE901편은 매일 운항한다.
④ AF267편은 월·수·목·금·토·일 운항한다.

제 5 장

PNR의 여정 작성

1. PNR의 작성

1) PNR이란?

Passenger Name Record의 약자로 승객의 항공여정 및 호텔, 렌터카, 부대 서비스 예약 등을 요청한 승객의 정보가 저장되어 있는 여객 예약 기록을 말한다.

2) PNR 작성의 구성요소

PNR 작성을 위한 구성요소로는 다음과 같이 필수입력사항과 선택 입력사항으로 구분할 수 있다. 필수입력사항은 반드시 입력하여야 PNR이 작성되는 사항이며 선택 입력사항은 승객에게 제공되는 서비스를 선택적으로 입력해주는 사항이다.

구분	기본 지시어	설명
필수입력사항	0	여정
	–	이름
	9	연락처
선택 입력사항	3	특별서비스 신청(SSR)
		기타 승객정보 입력(OSI)
	5	참고사항
	6	예약의뢰자
	7	항공권 정보 입력
	4G	사전좌석예약
	FF	상용고객 번호 입력

〈PNR 작성 순서〉

1단계	I	지금부터 새로운 PNR 작성하겠다는 지시어
2단계	PNR	아래의 예시 입력내용으로 PNR 작성
3단계	*A	지금까지의 모든 작업 정리
4단계	E	저장
5단계	*RR	작성 PNR 재조회

〈예시〉

	명칭	설명	지시어 예
1	Itinerary Field	여정(필수)	A01MAYSELHKG@OZ ▼ N1Y1
2	Name Field	승객이름(필수)	-JUNG/ABACUS MS
3	Phone Field	연락처(필수)	902-777-8888 ABC TRVL MS KIM
4	General Fact	기타 승객정보	3OSI OZ VIP PAX
		특별서비스(기내식)	3VGML-1.1
5	Remarks Field	참고사항	5PLZ CHK PAX C/C
6	Recieved From	예약의뢰자	6MS JUNG

```
<PNR - XTNHIY>
 1.1JUNG/ABACUS MS
 1 OZ 301Y 01MAY 6 ICNHKG HK1  0900  1150 /DCOZ*4RBS9P /E
PHONES
  1.SEL 02-777-8888 ABC TRVL MS KIM-T
PASSENGER DETAIL FIELD EXISTS - USE PD TO DISPLAY
TICKET RECORD - NOT PRICED
GENERAL FACTS
  1.OSI OZ VIP PAX
  2.SSR VGML OZ KK ICNHKG0301Y01MAY
  3.SSR ADTK 1B NBR TO OZ BY 08MAY10 SEL//OR WL BE XXLD
REMARKS
  1.PLZ CHK PAX C/C
RECEIVED FROM - MS JUNG
Z0F8.Z0F8*ANU 0807/06NOV09 XTNHIY H
```

2. 여정(ITINERARY FIELD)

항공, 호텔, 렌터카, 비행기를 안 타고 타 교통수단을 이용하는 구간인 비항공 운송구간을 포함하여 여정(ITINERARY)이라 한다.

1) 예약가능편을 이용한 여정 작성

가. 좌석 예약이 가능한 경우

```
A20APRSELSIN@SQ
```

```
20APR  TUE   SEL/Z#9      SIN/#1
 7SQ  15 C9 N9 H9 K9 J9 D9 Y9 B9 M9 Q9 ICNSIN 0830  1340   772 0
         V9 W9
 8SQ 883 F9 W9 N9 V9 H9 K9 A9 C9 J9 D9 ICNSIN 1030  1535   773 0
         Y9 M9 Q9 B9
```

```
N1Y7
```

▼

```
N1Y7
 1 SQ  15Y   20APR 2 ICNSIN SS1   0830  1340 /DCASQ /E
```

1	1 SQ 15 Y	첫 번째 여정, 항공편, Booking Class
2	20APR 2	출발일, 출발요일(화요일)
3	ICNSIN	출발공항, 도착공항
4	SS1	좌석 상태 코드(1좌석 예약 확약 중임을 의미)
5	0830 1340	현지출발시간, 현지도착시간
6	/DCASQ /E	예약등급/전자발권가능

나. 좌석이 "0"석일 경우의 대기자 예약

```
1*ICN JFK 1940 2030 F4 L0 V0 S0 K0 W0 C4 J4  OZ222 74M 0
                    Y4 B4 M4 H4 Q4
```

☞ 위의 응답화면에 "K0"라 표시되어 있을 경우 좌석이 존재하지 않는 것을 의미하며 승객이 원할 경우 대기자로 예약이 가능하다.

```
N1K1LL
```

```
N1K1LL
1  OZ  202K  01JAN  7  ICNLAX  LL1  1630  1200 /DCOZ /E
```

☞ 좌석 상태 코드가 "LL"로 대기자로 예약 중임을 의미한다.

2) 직접 입력 요청(DIRECT SEGMENT REQUEST)

예약가능상태 조회 없이 여정 작성을 직접 요청하는 방식으로 반드시 공항코드를 이용하여야 하며 여정 작성을 위한 항공편 정보를 사용자가 미리 알고 있어야만 사용할 수 있다.

가. 좌석 예약이 가능할 경우

```
0OZ102Y29JUNICNNRTNN2
```

1	0	여정 지시어
2	OZ102	항공편명
3	Y	Booking Class
4	29JUN	출발일자
5	ICNNRT	출발공항, 도착공항
6	NN2	요청 코드, 좌석 수

```
1 OZ 102Y 29JUN 2 ICNNRT SS2  1000  1210 /DCOZ /E
```

☞ 좌석 상태 코드가 "SS"로 예약 확약 중임을 나타내고 있다.

나. 대기자로 예약할 경우

```
0OZ102Y29JUNICNNRTLL2
```

```
1 OZ 102Y 29JUN 2 ICNNRT HL2  1000  1210 /DCOZ /E
```

☞ 대기자 좌석요청 코드인 "LL2"를 사용하여 입력하면 응답은 "HL2"로 나타난다. 단 이 경우는 OZ일 경우이며 타 항공사일 경우는 "LL2"로 나타난다.

3) 미확정 구간(OPEN SEGMENT)의 여정 작성

여정의 작성 시 구간은 정해졌으나 예약날짜가 미정인 경우 발권 및 여정의 연속성을 유지시켜 주기 위한 방법으로 미확정 구간(OPEN SEGMENT)의 여정을 작성한다.

```
0OZOPENY29JUNICNNRTDS2
```

1	0	여정 지시어
2	OZOPEN	항공편 OPEN
3	Y	Booking Class
4	29JUN	출발일자
5	ICNNRT	출발공항, 도착공항
6	DS2	Open 좌석요청 코드, 좌석 수

```
1 OZOPENY 29JUN 2 ICNNRT DS2
```

☞ 항공편명이 미정으로 출발시간과 도착시간이 미표시되는 것을 알 수 있다.

4) ARNK(ARRIVAL UNKNOWN) 여정의 작성

여행 중 항공편을 이용하지 않고 그 외의 운송수단으로 여행을 하게 되는 경우를 비항공운송구간(SURFACE SECTOR)이라 하며 이러한 비항공운송구간이 발생할 경우 여정의 연속성을 유지시켜 주기 위한 수단으로 ARNK 여정을 작성한다.

```
0A
```

```
1  OZ  102Y 30AUG 2 ICNNRT SS1  1000  1210 /DCOZ /E
2      ARNK
3  OZ  117M 03SEP 5 KIXICN SS1  1000  1200 /DCOZ /E
```

☞ 위의 여정은 1번 여정 다음에 비 항공운송 구간을 작성한 예이다.

5) 기타

/1/3	3번 여정을 1번 여정 뒤로 위치변경을 하기 위한 지시어
/2A	2번 여정 뒤에 ARNK(비항공운송구간)를 입력하기 위한 지시어

3. 여정의 수정 및 취소

1) 출발일자 변경

예약 확약 후 동일한 항공편의 동일한 출발시간으로 출발일자만 변경하고자 할 경우 사용하는 것으로 좌석예약이 가능한 경우에만 적용할 수 있다.

```
1 OZ 102Y 01DEC 2 ICNNRT SS1  1000  1210 /DCOZ /E
Z0F8.Z0F8*ANU 0848/06NOV09
```

▼

```
.1/30AUG
```

```
.1/30AUG
 1000  1210  2 SEG 1 SS Y DCOZ /E
SURNAME CHG NOT ALLOWED FOR OZ-G FARECLASS
*R
NO NAMES
 1 OZ 102Y 30AUG 2 ICNNRT SS1  1000  1210 /DCOZ /E
Z0F8.Z0F8*ANU 0851/06NOV09
```

2) 여정의 취소

가. 전체여정 취소

```
XI
```

```
<PNR - DVNZMX>
 1.1JUNG/HOJINMS
 1 OZ 102M 20AUG 5 ICNNRT HK1  1000  1210 /DCOZ*6UBSOO /E
 2 OZ 107M 30AUG 1 NRTICN HK1  0900  1130 /DCOZ*6UBSOO /E
PHONES
  1.SEL 02-777-8888 ABC TRVL JUNG-T
  2.SEL 010-777-9999-T
PASSENGER DETAIL FIELD EXISTS - USE PD TO DISPLAY
TICKET RECORD - NOT PRICED
GENERAL FACTS
  1.SSR ADTK 1B NBR TO OZ BY 10SEP10 SEL//OR WL BE XXLD
RECEIVED FROM - P
Z0F8.Z0F8*ANU 0906/06NOV09 DVNZMX H
XI
CNLD FROM  1
```

```
<PNR - DVNZMX>
 1.1JUNG/HOJINMS
NO ITIN
PHONES
  1.000 02-777-8888 ABC TRVL JUNG-T
  2.000 010-777-9999-T
PASSENGER DETAIL FIELD EXISTS - USE PD TO DISPLAY
TICKET RECORD - NOT PRICED
GENERAL FACTS
  1.SSR ADTK 1B NBR TO OZ BY 10SEP10 SEL//OR WL BE XXLD
RECEIVED FROM - P
Z0F8.Z0F8*ANU 0906/06NOV09 DVNZMX H
```

☞ 여정부분이 삭제되었음을 의미하며 예약취소 시 여정만 취소하고 저장 "E" enter를 하면 이름이나 다른 입력사항을 취소할 필요 없이 취소작업은 마무리된다.

나. 부분여정 취소

X3	3번째 여정만 취소
X2-4	2번째 여정부터 4번째 여정까지 취소
X2/4	2번째 여정과 4번째 여정만 취소

4. 여정 작성 시 유의사항

① 여정 작성 시 요청되는 좌석의 수는 각 여정마다 동일해야 한다.

② 승객 중 유아(INFANT)가 포함되어 있는 경우에는 좌석 수에 포함시키지 않는다.

③ 여정의 연속성이 이루어지지 않는 경우에는 PNR이 정상적으로 저장될 수 없다.

④ 동일한 날짜에 연결되는 연결편 비행기를 예약하는 경우에는 최소연결시간(MCT : Minimum Connection Time)을 감안하여 여정을 작성하도록 한다.

⑤ 여정이 모두 삭제되었던 PNR에 새로운 여정을 다시 작성하는 것은 CRS 시스템과 항공사 시스템 간의 불일치를 유발할 수 있으므로 취소한 PNR을 재활용하지 않는다.

〈정리〉

내용	애바카스
좌석예약이 가능한 경우	N1Y1
대기자로 예약이 가능한 경우	N1Y1LL
직접예약(좌석예약이 가능한 경우)	0OZ102M01MAYICNNRTNN1
직접예약(대기자로 예약이 가능한 경우)	0OZ102M01MAYICNNRTLL1
연결편 예약	N1M1M2
OPEN 예약	0OZOPENY20DECICNNRTDS1
여정이동(1번 SEG 뒤에 3번 이동)	/1/3
비항공운송구간 입력 (1번 뒤에 0A 입력)	/1A
여정 취소	XI, X2

연습문제

1. 다음은 PNR의 구성요소에 관한 설명이다. 알맞은 것은?

   ① 필수입력사항은 여정, 이름, 항공권 번호입력이다.
   ② 여정의 지시어는 0 혹은 A이다.
   ③ 연락처 지시어는 7이다.
   ④ 이름의 지시어는 -이다.

2. 다음은 여정에 관한 설명이다. 틀리게 연결된 것은?

   ① 여정의 전체 취소 지시어 - XI
   ② 비항공운송구간을 나타내는 여정 지시어 - 0A
   ③ 1번 여정 뒤에 3번 여정이 오도록 하는 위치변경 지시어 - /1S3
   ④ 미확정 구간 지시어 - 0OZOPENY20DECICNNRTDS27

3. 다음 응답화면이 조회될 수 있는 지시어는 어느 것인가?

```
 01DEC   TUE    SEL/Z#9       LAX/PDT-16
UA RESPONSE ** DIRECT CONNECT PARTICIPANT **
 7UA/OZ4660 F9 W9 S9 T9 K9 L9 C9 D9 Y9 B9 ICNLAX 1630  1200   74M 0
           M9 H9 Q9 V9
```

   ① A01DECSELLAX　　② 101DECSELLAX@OZ
   ③ A01DECSELLAX@UA　　④ 101DECSELLAX

4. 다음 조건에 맞는 여정 지시어는 어느 것인가?(승객 : 성인 2명, 유아 1명)

```
01JAN   FRI    SEL/Z#9        SIN/#1
SQ RESPONSE ** DIRECT CONNECT PARTICIPANT **
 7SQ  15 C9 N9 H9 K9 J9 D9 Y9 B9 M9 Q9 ICNSIN 0830  1340   772 0
         V9 W9
 8SQ 883 F9 W9 N9 V9 H9 K9 A9 C9 J9 D9 ICNSIN 1030  1535   773 0
         Y9 M9 Q9 B9
```

① 03Y7 ② 07Y3

③ N2Y7 ④ N7Y2

5. 다음은 직접입력 여정작성 지시어이다. 알맞은 것은 어느 것인가?

① 0OZ102Y29DECICNNRTNN2 ② 0SQ015Y01JANSELSINLL2

③ 0OZ10229DECICNNRTNN2 ④ 0SQ01501JANSELSINLL2

6. 아래의 화면을 보고 여정의 순서를 바르게 정렬하기 위한 지시어는 무엇인가?

```
1 OZ 102M 20DEC 7 ICNNRT SS1  1000  1210 /DCOZ /E
2 OZ9113Y 30DEC 3 KIXICN SS1  0956  1141 /DCOZ
3   ARNK
```

① /1S2 ② 2S1

③ /1/3 ④ /1/2

제 6 장

PNR의 이름(NAME FIELD)

1. 특 징

- 승객의 여권상의 영문이름을 기본으로 성(LAST NAME)과 이름(FIRST NAME)을 구분하며 성별(TITLE)을 사용하여 입력한다.
- 승객의 유형은 나이에 따라 성인(ADULT), 소아(CHILD), 유아(INFANT)로 구분된다.
- 소아와 유아의 경우에는 이름 입력 시 나이를 함께 입력한다.
- 소아와 유아의 이름 입력은 여정이 하나 이상 작성되어야 입력할 수 있다.

〈승객유형 및 성별(TITLE)〉

구분	분류기준(탑승일 기준)	성별
성인(ADT)	만 12세 이상	MS/MR/MRS PROF(Professor) : 교수 DR(Doctor) : 박사 또는 의사 CAPT(Captain) : 기장 REV(Reverend) : 성직자
소아(CHD)	만 2세 이상 ~ 만 12세 미만	MISS/MSTR
유아(INF)	생후 14일 이상 ~ 만 24개월 미만	MISS/MSTR

2. 입력 지시어

1) 성인(ADT : 만 12세 이상)

```
-JUNG/ABACUS MR
```

1	–	이름의 지시어
2	JUNG	승객의 영문 성(Last Name)
3	/	성과 이름을 구분하는 지시어
4	ABACUS	승객의 영문 이름(Firs Name)
5	MR	승객의 성별(Title)

```
-JUNG/ABACUS MR *
*A
 1.1JUNG/ABACUS MR
NO ITIN
NO DATA
```

☞ 위의 응답화면에서와 같이 이름입력 후 정리조회 지시어 "*A"로 조회하였을 경우 1.1이라는 번호를 확인할 수 있다.

2) 소아(CHD : 만 2세 이상~12세 미만의 승객)

소아 이름 입력 시는 적어도 한 개 이상의 여정을 먼저 작성하여야 하며, 생년월일은 별도로 추가 입력해주어야 한다.

가. 소아(CHILD) 이름 입력

```
-JUNG/SOA MSTR*C09
```

*	나이 입력을 위한 구분기호
C09	소아임을 나타내는 약자와 나이

```
-JUNG/SOA MSTR*C09
*A
 1.1JUNG/ABACUS MR    2.1JUNG/SOA MSTR*C09
 1 OZ 202Y 10DEC 4 ICNLAX SS2  1630  1200 /DCOZ /E
PHONES
  1.SEL 02-777-8888 ABC TRVL JUNG-T
  2.SEL 010-2345-7889-T
PASSENGER DETAIL FIELD EXISTS - USE PD TO DISPLAY
TICKET RECORD - NOT PRICED
Z0F8.Z0F8*ANU 0940/06NOV09
```

나. 소아(CHILD) 생년월일 입력

```
3CHLD/20MAY08-2.1
```

1	3CHLD	소아정보 입력 지시어
2	/	구분 지시어
3	20MAY08	생년월일 DDMMMYY
4	−2.1	소아의 승객번호

```
3CHLD/20MAY08-2.1
*A
 1.1JUNG/ABACUS MR    2.1JUNG/SOA MSTR*C09
 1 OZ 202Y 10DEC 4 ICNLAX SS2  1630  1200 /DCOZ /E
PHONES
  1.SEL 02-777-8888 ABC TRVL JUNG-T
  2.SEL 010-2345-7889-T
PASSENGER DETAIL FIELD EXISTS - USE PD TO DISPLAY
TICKET RECORD - NOT PRICED
GENERAL FACTS
  1.SSR CHLD OZ HK1/20MAY08
Z0F8.Z0F8*ANU 0941/06NOV09
```

3) 유아(INF : 생후 14일 이상~만 24개월 미만)

유아 이름 입력 시는 적어도 한 개 이상의 여정을 먼저 작성하여야 하며, 첫 번째 승객으로 입력할 수 없다. 또한 유아는 좌석 수에 포함시키지 않으므로 이름 입력이외에 유아의 생년월일을 추가적으로 입력하여야 함과 동시에 보호자의 이름번호와 연결시켜 주어야 한다.

가. 유아(INFANT) 이름 입력

-I/JUNG/BABY MISS*I20

1	–I	이름 지시어와 유아(Infant)임을 의미하는 코드
2	JUNG/BABY MISS	성/이름 성별(Title)
3	*I20	연결기호와 유아의 약자 및 개월 수 입력

```
-I/JUNG/BABY MISS*I20 *
*A
 1.1JUNG/ABACUS MR  2.1JUNG/SOA MSTR*C09  3.1I/JUNG/BABY MISS*I20
 1 OZ 202Y 10DEC 4 ICNLAX SS2  1630  1200 /DCOZ /E
PHONES
  1.SEL 02-777-8888 ABC TRVL JUNG-T
  2.SEL 010-2345-7889-T
PASSENGER DETAIL FIELD EXISTS - USE PD TO DISPLAY
TICKET RECORD - NOT PRICED
GENERAL FACTS
  1.SSR CHLD OZ HK1/20MAY08
Z0F8.Z0F8*ANU 1004/07NOV09
```

나. 유아(INFANT) 추가사항 입력

3INFT/JUNG/BABY MISS/20DEC12-1.1

1	3INFT	유아정보 입력 지시어
2	/JUNG/BABY MISS	구분기호, 유아의 성과 이름 및 성별(Title)
3	/20DEC12	구분기화와 생년월일
4	−1.1	연결기호와 보호자의 번호

```
3INFT/JUNG/BABY MISS/20DEC12-1.1 *
*A
 1.1JUNG/ABACUS MR   2.1JUNG/SOA MSTR*C09   3.1I/JUNG/BABY
   MISS*I20
 1 OZ 202Y 10DEC 4 ICNLAX SS2  1630  1200 /DCOZ /E
PHONES
  1.SEL 02-777-8888 ABC TRVL JUNG-T
  2.SEL 010-2345-7889-T
PASSENGER DETAIL FIELD EXISTS - USE PD TO DISPLAY
TICKET RECORD - NOT PRICED
GENERAL FACTS
  1.SSR CHLD OZ HK1/20MAY08
  2.SSR INFT OZ NN ICNLAX0202Y10DEC/JUNG/BABY MISS/20DEC12
Z0F8.Z0F8*ANU 1005/07NOV09
```

3. 이름(NAME)의 수정과 삭제

이름의 수정과 삭제는 PNR의 최초 저장 이전에만 가능하다. PNR 생성 이후에는 항공사의 예약 규정에 따라 성 및 이름을 변경할 경우 항공사가 임의로 예약을 취소할 수도 있다.

1) 성(LAST NAME)의 수정

```
-1@MOON
```

```
 1.1JUNG/ABACUSMR
NO  ITIN
NO  DATA
-1@MOON  *
*A
 1.1MOON/ABACUSMR
NO  ITIN
NO  DATA
```

☞ 성의 수정 시 이름번호는 반드시 1로 하여야 한다.

2) 이름(FIRST NAME)의 수정

```
-1.1@JINHYUNG  MR
```

```
 1.1MOON/ABACUSMR
NO  ITIN
NO  DATA
-1.1@JINHYUNG  MR  *
*A
 1.1MOON/JINHYUNG  MR
NO  ITIN
NO  DATA
```

3) 소아와 유아의 나이 및 개월 수 수정

–2.1@*C09	소아의 나이 수정
–3.1@*I20	유아의 개월 수 수정

```
 1.1MOON/JINHYUNGMR  2.1MOON/JUNGHYUNMSTR*C07
 3.1I/MOON/SEOYOUNG  MISS*I22
 1 OZ 202Y 01DEC 2 ICNLAX SS2   1630   1200 /DCOZ /E
PHONES
  1.SEL 02-777-8888 ABC TRVL JUNG-T
  2.SEL 010-777-9999-T
PASSENGER DETAIL FIELD EXISTS - USE PD TO DISPLAY
TICKET RECORD - NOT PRICED
GENERAL FACTS
  1.SSR CHLD OZ HK1/22DEC05
  2.SSR INFT OZ NN ICNLAX0202Y01DEC/MOON/SEO YOUNG MISS/20DEC12
Z0F8.Z0F8*ANU 1011/07NOV09
-2.1@*C09 *
-3.1@*I20 *
*A
 1.1MOON/JINHYUNGMR    2.1MOON/JUNGHYUNMSTR*C09
 3.1I/MOON/SEOYOUNG  MISS*I20
 1 OZ 202Y 01DEC 2 ICNLAX SS2   1630   1200 /DCOZ /E
PHONES
  1.SEL 02-777-8888 ABC TRVL JUNG-T
  2.SEL 010-777-9999-T
PASSENGER DETAIL FIELD EXISTS - USE PD TO DISPLAY
TICKET RECORD - NOT PRICED
GENERAL FACTS
  1.SSR CHLD OZ HK1/22DEC05
  2.SSR INFT OZ NN ICNLAX0202Y01DEC/MOON/SEO YOUNG MISS/20DEC12
Z0F8.Z0F8*ANU 1012/07NOV09
```

☞ 상기 지시어를 이용하여 소아와 유아의 나이를 정상적으로 수정하였으며, 이에 따라 GENERAL FACTS에도 수정된 내용이 추가로 입력되어야 한다. 따라서 기존 내용을 삭제한 후 다시 입력한다.

4) 소아와 유아의 추가사항 삭제 및 재입력

31-2@	삭제
3CHLD/01MAY08-2.1	소아 추가사항 재입력
3INFT/MOON/SEOYOUNG MISS/20DEC11-1.1	유아 추가사항 재입력

```
31-2@ *
*A
 1.1MOON/JINHYUNGMR     2.1MOON/JUNGHYUNMSTR*C09
 3.1I/MOON/SEOYOUNG MISS*I20
 1 OZ 202Y 01DEC 2 ICNLAX SS2  1630  1200 /DCOZ /E
PHONES
  1.SEL 02-777-8888 ABC TRVL JUNG-T
  2.SEL 010-777-9999-T
PASSENGER DETAIL FIELD EXISTS - USE PD TO DISPLAY
TICKET RECORD - NOT PRICED
Z0F8.Z0F8*ANU 1037/07NOV09
3CHLD/01MAY08-2.1*
3INFT/MOON/SEOYOUNG MISS/20DEC11-1.1*
```

5) 이름(NAME)의 삭제

-2.1@	혹은	-2@

```
1.1MOON/JINHYUNGMR    2.1MOON/JUNGHYUNMSTR*C09
3.1I/MOON/SEOYOUNG MISS*I20
 1 OZ 202Y 01DEC 2 ICNLAX SS2  1630  1200 /DCOZ /E
PHONES
  1.SEL 02-777-8888 ABC TRVL JUNG-T
  2.SEL 010-777-9999-T
PASSENGER DETAIL FIELD EXISTS - USE PD TO DISPLAY
TICKET RECORD - NOT PRICED
Z0F8.Z0F8*ANU 1042/07NOV09
-2.1@ *
*A
 1.1MOON/JINHYUNG MR    2.1I/MOON/SEOYOUNG MISS*I20
 1 OZ 202Y 01DEC 2 ICNLAX SS2  1630  1200 /DCOZ /E
PHONES
  1.SEL 02-777-8888 ABC TRVL JUNG-T
  2.SEL 010-777-9999-T
PASSENGER DETAIL FIELD EXISTS - USE PD TO DISPLAY
TICKET RECORD - NOT PRICED
Z0F8.Z0F8*ANU 1042/07NOV09
```

☞ 삭제는 최초의 PNR 완성 전에만 가능하며, PNR 완성 후에는 수정만이 가능하다.

4. 이름(NAME FIELD) 작성 시 유의사항

① 유아는 좌석을 점유하지 않으므로 유아의 이름 입력은 가장 마지막 순서로 입력하도록 한다.

② 모든 승객의 이름은 PNR 완성 전에는 수정 또는 삭제가 가능하나, PNR 완성 후에는 삭제가 불가능하며 수정만 제한적으로 가능하다.(각 항공사의 규정에 따른다.)

〈정리〉

내용	애바카스
성인(ADULT)	-LEE/ABACUS MR
소아(CHLD)	-JUNG/JAEYOUNG MSTR*C09
소아 생년월일	3CHLD/22DEC03-2.1
유아(INFT)	-I/CHO/YONGPIL MSTR*I22
유아 생년월일	3INFT/CHO/YONGPIL MSTR/22DEC12-1.1
이름 삭제	-1@

연습문제

1. 다음에 승객이름의 입력 지시어로 적당한 것은 어느 것인가?

① -JUNG/ABACUS MSTR*I23

② -MOON/JUNHYUNG MSTR*C11

③ -C/LEE/SARANG MISS*C11

④ -I/LEE/SOMANG MSTR*I16-1.1

2. 다음은 화면을 보고 소아와 유아의 추가 입력 지시어를 입력하고자 한다. 적당한 것은 어느 것인가?

```
1.1MOON/JINHYUNGMR     2.1MOON/JUNGHYUNMSTR*C09
3.1I/MOON/SEOYOUNG  MISS*I22
 1 OZ 202Y 01DEC 2 ICNLAX SS2   1630   1200 /DCOZ /E
PHONES
   1.SEL 02-777-8888 ABC TRVL JUNG-T
   2.SEL 010-777-9999-T
PASSENGER DETAIL FIELD EXISTS - USE PD TO DISPLAY
TICKET RECORD - NOT PRICED
Z0F8.Z0F8*ANU 1046/07NOV09
```

① 3INFT/MOON/SEOYOUNG MISS*I22-1.1
② 3CHLD/MOON/JINHYUNG MSTR/09-2.1
③ 3INFT/MOON/SEOYOUNG MISS/22DEC12-1.1
④ 3CHLD/MOON/JINHYUNG MSTR/20MAY05-2.1

3. 다음은 이름작성 시 유의사항에 대한 내용이다. 적당하지 않은 것은 어느 것인가?

① 유아의 추가입력사항에는 보호자 이름번호를 연결시켜 주어야 한다.
② 소아의 추가입력사항에는 생년월일을 입력하여야 한다.
③ 소아의 이름 입력 시 나이는 PNR 완성 후에는 절대로 수정할 수 없다.
④ 성인 2명, 소아 1명, 유아 1명일 경우 좌석은 3좌석을 잡아야 한다.

4. 다음 응답화면에서와 같은 ERROR 응답이 나온 이유는 무엇인가?

```
-KIM/AAAMR *
-KIM/CCCMISS*C09
PLEASE ENTER INTERNATIONAL ITINERARY FIRST
```

① 소아가 첫 번째 승객으로 들어갔기 때문이다.
② 소아이름 입력 후 Enter를 치지 않았다.
③ 소아이름 입력 시에는 반드시 국제선 여정이 하나 이상 존재하여야 하기 때문이다.
④ *A로 정리한 후에 여정을 입력하여야 한다.

제 7 장

PNR의 연락처(PHONE FIELD)와 PNR의 저장과 취소

1. 연락처(Phone Field) 입력

연락처의 첫 번째는 반드시 여행사 연락처를 입력하며, 승객의 MOBILE PHONE도 추가적으로 입력해주는 것이 좋다.

1) 연락처 입력

902-777-8888 ABC TRVL MS KIM	여행사 전화번호 입력
9011-2345-7777	승객의 핸드폰전화 번호 입력

```
 1.1KIM/AAAMR
NO ITIN
PHONES
   1.000 02-777-8888 ABC TRVL MS KIM-T
   2.000 011-2345-7777-T
```

2) 연락처 수정 및 삭제

가. 수정

91@02-888-9999 BBC TRVL MS LEE

```
1.1KIM/AAAMR
NO ITIN
PHONES
  1.000 02-777-8888 ABC TRVL MS KIM-T
  2.000 011-2345-7777-T
91@02-888-9999 BBC TRVL MS LEE *
*A
 1.1KIM/AAAMR
NO ITIN
PHONES
  1.000 02-888-9999 BBC TRVL MS LEE-T
  2.000 011-2345-7777-T
```

☞ 연락처의 첫 번째 전화번호와 내용이 수정된 것을 확인할 수 있다. 두 번째 승객연락처를 수정하고자 할 경우는 92@...로 수정할 수 있다.

나. 연락처 삭제

92@	연락처의 두 번째 항목을 삭제
91–2@	연락처의 첫 번째부터 두 번째 항목을 삭제
91/3@	연락처의 첫 번째와 세 번째 항목을 삭제

```
 1.1KIM/AAAMR
NO ITIN
PHONES
  1.000 02-888-9999 BBC TRVL MS LEE-T
  2.000 011-2345-7777-T
92@ *
*A
 1.1KIM/AAAMR
NO ITIN
PHONES
  1.000 02-888-9999 BBC TRVL MS LEE-T
```

〈정리〉

내용	애바카스
전화번호(여행사)	902-777-8888 ABACUS TRVL MS KIM
핸드폰 번호	9010-777-8888
수정	91@02-700-8000 ABACUS TRVL MS KIM
삭제	92@

연습문제

1. 다음 중 연락처 입력 및 수정, 삭제 지시어로 적당하지 않은 것은 어느 것인가?

① 91@T*777-8888 ABC TRVL MS JUNG-T

② 902-666-8888 ABC TRVL MS KIM

③ 91-2@

④ 93@02-777-8888 BBC TRVL MS MOON

2. 다음은 연락처에 대한 내용을 기술한 것이다. 적당하지 않은 것은 어느 것인가?

① 연락처의 첫 번째 항목은 반드시 여행사 전화번호를 입력하여야 한다.

② 연락처 입력은 2개 항목만 입력이 가능하다.

③ 연락처는 무제한으로 입력할 수 있다.

④ 연락처 입력 시 여행사 전화번호만 입력하여도 PNR은 완성된다.

2. PNR의 저장과 취소

PNR의 필수입력사항인 여정, 이름, 연락처를 입력한 후 PNR 완성을 위한 마지막 작업이 저장이다. 저장작업이 완료되어야만 비로소 예약번호(PNR Address)가 형성되며 항공사 시스템으로 DATA가 전송되어 좌석을 확보할 수 있다.

1) PNR 저장 순서

순서	입력사항	설명
1단계	I	Ignore로 작업을 모두 취소 종료하고 새로운 작업을 시작
2단계	여정, 이름, 연락처	PNR의 필수사항 입력
3단계	*A	PNR 입력사항 확인
4단계	E	End Of Transaction으로 PNR 저장 후 종료
5단계	*RR	PNR 완성 후 재조회

〈1단계〉 I

```
I
IGD
```

〈2단계〉 여정, 이름, 연락처 입력

```
01MAY   SAT    SEL/Z#9       BKK/-2
1TG      659 C4 S4 V4 W4 D4 Y4 ICNBKK 1015  1350   777 M 0 DC /E
             B4 M4 H4 Q4 T4 K4
2TG      629 C4 S4 V4 W4 D4 Y4 ICNBKK 1020  1550   777 M 1 DC /E
             B4 M4 H4 Q4 T4 K4
3OZ      341 C4 S4 K4 W4 G4 N4 ICNBKK 1710  2050   747 DS 0 DC /E
             D4 J4 Y4 B4 M4 H4 Q4 V4
N1Y1
 1 TG 659Y   01MAY 6 ICNBKK SS1   1015  1350 /DCTG /E
-PARK/MIYOUNGMR *
902-888-9999 AAA TRVL MS KIM *
9010-234-2345 *
```

〈3단계〉 *A

```
 1.1PARK/MIYOUNGMR
 1 TG 659Y 01MAY 6 ICNBKK SS1  1015  1350 /DCTG /E
PHONES
  1.SEL 02-888-9999 AAA TRVL MS KIM-T
  2.SEL 010-234-2345-T
PASSENGER DETAIL FIELD EXISTS - USE PD TO DISPLAY
TICKET RECORD - NOT PRICED
Z0F8.Z0F8*ANU 1100/07NOV09
```

☞ 예약 작성 시 예약 진행 입력상태를 확인할 수 있다.

〈4단계〉 E

```
 1.1PARK/MIYOUNGMR
 1 TG 659Y 01MAY 6 ICNBKK SS1  1015  1350 /DCTG /E
PHONES
  1.SEL 02-888-9999 AAA TRVL MS KIM-T
  2.SEL 010-234-2345-T
PASSENGER DETAIL FIELD EXISTS - USE PD TO DISPLAY
TICKET RECORD - NOT PRICED
Z0F8.Z0F8*ANU 1100/07NOV09
E
OK  ZQEQFP
```

☞ 저장 지시어를 입력하면 상기와 같이 'OK'라는 응답과 함께 해당 PNR의 저장된 예약번호가 표시된다.

〈5단계〉 *RR

```
*RR
<PNR - ZQEQFP>
 1.1PARK/MIYOUNGMR
 1 TG 659Y 01MAY 6 ICNBKK HK1  1015  1350 /DCTG*F4Q7KZ /E
PHONES
  1.SEL 02-888-9999 AAA TRVL MS KIM-T
  2.SEL 010-234-2345-T
PASSENGER DETAIL FIELD EXISTS - USE PD TO DISPLAY
TICKET RECORD - NOT PRICED
GENERAL FACTS
  1.SSR ADTK 1B NBR TO TG BY 08MAY10 SEL//OR WL BE XXLD
RECEIVED FROM - P
Z0F8.Z0F8*ANU 1100/07NOV09 ZQEQFP H
```

☞ PNR 저장 작업이 완료된 후 재조회를 통하여 예약번호를 다시 확인함과 동시에 여정상의 좌석상태가 "SS"에서 "HK"로 변경된 것을 확인할 수 있다.

2) PNR 저장과 동시에 재조회

ER	저장과 동시에 PNR 재조회(E + *RR)

```
01JUL  THU   SEL/Z#9       HKG/-1
CX RESPONSE ** DIRECT CONNECT PARTICIPANT **
 7CX 417 J9 L9 S9 V9 N9 O9 C9 D9 I9 Y9 ICNHKG 1030  1315   773
  0
          B9 H9 K9 M9
N1Y7
 1 CX 417Y   01JUL 4 ICNHKG SS1   1030  1315 /DCACX /E
-JUNG/KIYOUNGMS *
902-777-1234 ABC TRVL MS JUNG *
9010-678-3456 *
ER
<PNR - VSFUJU>
 1.1JUNG/KIYOUNGMS
 1 CX 417Y 01JUL 4 ICNHKG HK1  1030  1315 /DCACX*SH3N6L /E
PHONES
  1.SEL 02-777-1234 ABC TRVL MS JUNG-T
  2.SEL 010-678-3456-T
PASSENGER DETAIL FIELD EXISTS - USE PD TO DISPLAY
TICKET RECORD - NOT PRICED
GENERAL FACTS
  1.SSR ADTK 1B NBR TO CX BY 08JUL10 SEL//OR WL BE XXLD
RECEIVED FROM - P
Z0F8.Z0F8*ANU 1104/07NOV09 VSFUJU H
```

☞ E enter와 동시에 *RR의 단축 지시어이다.

3) PNR 작성의 취소 후 종료 및 재조회

I	PNR 작성 취소 후 종료
IR	취소와 동시에 재 조회(I+ *RR) 최초의 PNR 작성 시에는 적용 안됨

가. 최초의 PNR 작성 시 "I"

```
 01JUL   THU    SEL/Z#9        TYO/#0
JL RESPONSE ** DIRECT CONNECT PARTICIPANT **
 7JL 950 J9 M9 L9 V9 S9 N9 C9 D9 I9 Y9 ICNNRT 1120    744 0
          B9 H9 K9 X9
N1Y7
 1 JL 950Y    01JUL 4 ICNNRT SS1    855   1120 /DCJL /E
-LEE/YOUNGYOON MR *
902-890-1234 BBB TRVL JUNG *
9011-234-5600 *
I
IGD
*A
NO DATA
```

☞ 상기의 화면처럼 'I'라는 지시어를 입력하게 되면 최초의 PNR 완성 시 모든 입력사항은 취소되며 새로운 PNR 작업을 진행할 수 있는 환경이 만들어진다.

나. 완성된 PNR상에 추가사항 입력 시 "I"

```
<PNR - XPETIT>

 1.1HONG/KANGIMR
 1 CX 417Y 01AUG 7 ICNHKG HK1  1030  1315 /DCACX*3RFWBS /E
PHONES
  1.SEL 031-222-2456 SEJ TRVL JIN-T
  2.SEL 017-123-5677-T
PASSENGER DETAIL FIELD EXISTS - USE PD TO DISPLAY
TICKET RECORD - NOT PRICED
GENERAL FACTS
  1.SSR ADTK 1B NBR TO CX BY 08AUG10 SEL//OR WL BE XXLD
RECEIVED FROM - P
Z0F8.Z0F8*ANU 1109/07NOV09 XPETIT H
XI
CNLD FROM  1
I
IGD
*RR
<PNR - XPETIT>
 1.1HONG/KANGIMR
 1 CX 417Y 01AUG 7 ICNHKG HK1  1030  1315 /DCACX*3RFWBS /E
PHONES
  1.SEL 031-222-2456 SEJ TRVL JIN-T
  2.SEL 017-123-5677-T
PASSENGER DETAIL FIELD EXISTS - USE PD TO DISPLAY
TICKET RECORD - NOT PRICED
GENERAL FACTS
  1.SSR ADTK 1B NBR TO CX BY 08AUG10 SEL//OR WL BE XXLD
RECEIVED FROM - P
Z0F8.Z0F8*ANU 1109/07NOV09 XPETIT H
```

☞ 전체 여정을 취소하였으나 "I" 지시어를 입력하고 PNR을 재조회하였을 때 여정이 취소되지 않은 것을 확인할 수 있다.

다. PNR 작성의 취소 후 재조회 "IR"

```
1.1JUNG/WOOJINMR
1 SQ  15Y 01MAR 1 ICNSIN HK1  0830  1340 /DCASQ*I7TAP5 /E
2 SQ  16Y 03MAR 3 SINICN SS1  0905  1625 /DCASQ /E
PHONES
 1.SEL 02-666-5555 BNT TRVL JANG-T
 2.SEL 010-234-5678-T
GENERAL FACTS
 1.SSR ADTK 1B NBR TO SQ BY 08MAR10 SEL//OR WL BE XXLD
RECEIVED FROM - P
Z0F8.Z0F8*ANU 2012/07NOV09 YQDQFR H
IR
<PNR - YQDQFR>
1.1JUNG/WOOJINMR
1 SQ  15Y 01MAR 1 ICNSIN HK1  0830  1340 /DCASQ*I7TAP5 /E
PHONES
 1.SEL 02-666-5555 BNT TRVL JANG-T
 2.SEL 010-234-5678-T
PASSENGER DETAIL FIELD EXISTS - USE PD TO DISPLAY
TICKET RECORD - NOT PRICED
GENERAL FACTS
 1.SSR ADTK 1B NBR TO SQ BY 08MAR10 SEL//OR WL BE XXLD
RECEIVED FROM - P
Z0F8.Z0F8*ANU 2012/07NOV09 YQDQFR H
```

☞ 두 번째 여정인 SINICN 구간을 추가하여 좌석을 예약하였으나 "IR" 지시어를 입력하게 되면 두 번째 여정은 취소됨과 동시에 PNR이 재조회되는 것을 확인할 수 있다.

라. 완성된 PNR의 확인

완성된 PNR은 애바카스 PNR 번호와 항공사 자체의 PNR 번호를 가져야 한다. 즉 애바카스는 항공사의 좌석을 모아주는 역할을 수행하며 실질적인 것은 항공사의 좌석이 확보되어야 한다. 그러므로 좌석이 확보된 것을 의미하는 항공사 자체의 PNR 번호를 항상 확인하여야 한다.

```
<PNR - YQDQFR> 애바카스 PNR번호
 1.1JUNG/WOOJINMR
 1 SQ  15Y 01MAR 1 ICNSIN HK1  0830  1340 /DCASQ*I7TAP5 /E
PHONES                                    SQL 자체 PNR 번호
  1.SEL 02-666-5555 BNT TRVL JANG-T
  2.SEL 010-234-5678-T
PASSENGER DETAIL FIELD EXISTS - USE PD TO DISPLAY
TICKET RECORD - NOT PRICED
GENERAL FACTS
  1.SSR ADTK 1B NBR TO SQ BY 08MAR10 SEL//OR WL BE XXLD
RECEIVED FROM - P
Z0F8.Z0F8*ANU 2012/07NOV09 YQDQFR H
```

〈정리〉

내용	애바카스
PNR 저장 후 종료	E
작업종류 후 PNR 재조회	*RR
PNR 저장과 동시에 재조회	ER
진행 중인 작업내용 취소 후 종료	I
작업내용 취소 후 PNR 재조회	IR

제 8 장

PNR 조회

PNR 조회는 여정의 마지막 비행편(FLIGHT)이 출발한날로부터 24시간 이내에 가능하고, 자동발권된 PNR은 30일 이내까지 조회가 가능하다.

1. PNR 번호를 이용한 조회

*YQDQFR	완성된 PNR 번호를 이용한 조회
@QSQ/*I7TAP5	항공사 자체 PNR 조회(교육용에서는 조회 안됨)

```
*YQDQFR
<PNR - YQDQFR>
 1.1JUNG/WOOJINMR
 1 SQ  15Y 01MAR 1 ICNSIN HK1  0830  1340 /DCASQ*I7TAP5 /E
PHONES
  1.SEL 02-666-5555 BNT TRVL JANG-T
  2.SEL 010-234-5678-T
PASSENGER DETAIL FIELD EXISTS - USE PD TO DISPLAY
TICKET RECORD - NOT PRICED
GENERAL FACTS
  1.SSR ADTK 1B NBR TO SQ BY 08MAR10 SEL//OR WL BE XXLD
RECEIVED FROM - P
Z0F8.Z0F8*ANU 2012/07NOV09 YQDQFR H
```

2. 승객의 성과 이름을 이용한 조회

1단계	*–PARK	PARK씨 성을 가진 승객을 모두 조회
2단계	*2	찾고자 하는 승객의 번호를 조회

```
*-PARK
 1   PARK/MIYOUNG X      -          2   I/PARK/AGAMI   10SEP-
*2
<PNR - EQCNAJ>
 1.1PARK/SEOKMR    2.1I/PARK/AGAMISS*I10
 1 KE 701Y 10SEP 3 ICNNRT HK1  0920  1135 /DCKE*9N5HXA /E
PHONES
  1.SEL 011-T
PASSENGER DETAIL FIELD EXISTS - USE PD TO DISPLAY
TICKET RECORD - NOT PRICED
GENERAL FACTS
  1.SSR INFT KE KK ICNNRT0701Y10SEP/PARK/AGAMISS/10MTHS
  2.SSR ADTK 1B NBR TO KE BY 17SEP09 SEL//OR WL BE XXLD
RECEIVED FROM - P
Z0F8.Z0F8*ANU 0528/30JUL08 EQCNAJ H
```

☞ PARK씨 성을 가진 승객이 모두 조회되며 이름 뒤에 일자는 출발일자를 나타나며 "X"마크는 취소된 PNR임을 나타낸다.

```
*A
<PNR - EQCNAJ>
 1.1PARK/SEOKMR    2.1I/PARK/AGAMISS*I10
 1 KE 701Y 10SEP 3 ICNNRT HK1  0920  1135 /DCKE*9N5HXA /E
PHONES
  1.SEL 011-T
PASSENGER DETAIL FIELD EXISTS - USE PD TO DISPLAY
TICKET RECORD - NOT PRICED
GENERAL FACTS
  1.SSR INFT KE KK ICNNRT0701Y10SEP/PARK/AGAMISS/10MTHS
  2.SSR ADTK 1B NBR TO KE BY 17SEP09 SEL//OR WL BE XXLD
RECEIVED FROM - P
Z0F8.Z0F8*ANU 0528/30JUL08 EQCNAJ H
*N
 1.1PARK/SEOKMR    2.1I/PARK/AGAMISS*I10
*I
 1 KE 701Y 10SEP 3 ICNNRT HK1  0920  1135 /DCKE*9N5HXA /E
*P
PHONES
  1.SEL 011-T
GENERAL FACTS
  1.SSR INFT KE KK ICNNRT0701Y10SEP/PARK/AGAMISS/10MTHS
  2.SSR ADTK 1B NBR TO KE BY 17SEP09 SEL//OR WL BE XXLD
RECEIVED FROM - P
Z0F8.Z0F8*ANU 0528/30JUL08 EQCNAJ H
```

3. PNR 내의 부분 입력사항 조회

*N	PNR 내의 이름만 조회 시
*I	PNR 내의 여정만 조회 시
*A	PNR 내의 모든 입력사항을 조회 시
*P	PNR 내의 전화번호 및 기타 선택사항 조회 시
*R	PNR 내의 필수 입력사항만 조회 시

〈정리〉

내용	애바카스
PNR 조회(예약번호이용)	*ZWWVGG
PNR 조회(이름이용)	*-KIM/ABACUS →*2

4. 최초의 PNR 작성 시 사례별 오류 응답

ERROR RESPONSE	사례
NEED INDEXABLE SEG	여정이 없는 경우
NEE PHONE FIELD-USE9	전화번호가 없는 경우
NEED NAME IN PNR TO COMPLETE TRANSACTION	이름이 없는 경우
NUMBER OF NAMES NOT EQUAL TO RESERVATIONS	좌석수와 승객수가 일치하지 않을 경우

1) 여정이 없는 경우

```
 1.1HYUN/DONGILMR
NO ITIN
PHONES
  1.000 02-666-9999 AAA TRVL KIM-T
  2.000 011-777-8888-T
E
PNR LOCATOR NOT FILED.
NEED INDEXABLE SEG
```

2) 전화번호가 없는 경우

```
 1.1HYUN/DONGILMR
 1 QF 368Y 01MAY 6 ICNSYD SS1   2000   0710#1 /DCAQF
PASSENGER DETAIL FIELD EXISTS - USE PD TO DISPLAY
TICKET RECORD - NOT PRICED
Z0F8.Z0F8*ANU 2026/07NOV09
E
PNR LOCATOR NOT FILED.
 NEED PHONE FIELD - USE 9
```

3) 이름이 없는 경우

```
*A
NO NAMES
 1 QF 368Y 01MAY 6 ICNSYD SS1  2000  0710#1 /DCAQF
PHONES
  1.SEL 031-222-9999 YTO TRVL OH-T
  2.SEL 011-234-5678-T
TICKET RECORD - NOT PRICED
Z0F8.Z0F8*ANU 2027/07NOV09
E
PNR LOCATOR NOT FILED.
 NEED NAME IN PNR TO COMPLETE TRANSACTION
```

4) 승객 수와 좌석 수가 일치하지 않을 경우

```
 1.1JUNG/BONGRAKMR   2.1LEE/KEUNJAMS
 1 QF 368Y 01MAY 6 ICNSYD SS1  2000  0710#1 /DCAQF
PHONES
  1.SEL 031-222-9999 YTO TRVL OH-T
  2.SEL 011-234-5678-T
PASSENGER DETAIL FIELD EXEXTS - USE PD TO DISPLAY
TICKET RECORD - NOT PRICED
Z0F8.Z0F8*ANU 2029/07NOV09
E
PNR LOCATOR NOT FILED.
 NUMBER OF NAMES NOT EQUAL TO RESERVATIONS
```

연습문제

1. 승객의 이름을 이용하여 PNR을 조회하는 지시어는?

① *KIM/ABACUS ② *-KIM/ABACUS
③ **KIM/ABACUS ④ *N*-KIM/ABACUS

2. 다음은 PNR 저장 및 취소에 대한 지시어를 설명한 내용이다. 틀리게 연결된 것은 어느 것인가?

① IR – 최초의 PNR 작성 시 방금 전에 수행하였던 작업은 취소하고 다시 재조회 시
② ER – PNR 저장 후 재조회 시
③ I – 최초의 PNR 작성 시에 입력된 모든 Data를 취소하고 새로운 PNR 작성환경 조성
④ E – PNR 필수입력사항 입력 후 PNR 저장 시

3. 다음 화면을 보고 수행되어야 할 작업은?

```
 1.1JUNG/BONGRAKMR    2.1LEE/KEUNJAMS
 1 QF 368Y 01MAY 6 ICNSYD SS2  2000  0710#1 /DCAQF
PHONES
  1.SEL 031-222-9999 YTO TRVL OH-T
  2.SEL 011-234-5678-T
PASSENGER DETAIL FIELD EXISTS - USE PD TO DISPLAY
TICKET RECORD - NOT PRICED
Z0F8.Z0F8*ANU 2032/07NOV09
```

① 돌아오는 여정을 입력하여야 한다.
② 승객이 두 명으로 두 명의 핸드폰번호를 다 입력하여야 한다.
③ 마무리작업인 “E” enter로 PNR을 저장하여야 한다.
④ 최초의 PNR 작성 시 수행하여야 할 “I” enter를 수행하지 않았다.

4. 다음은 사례별 오류 내용에 대한 정리이다. 틀리게 연결된 것은?

① 여정이 없는 경우 – NEED IDEXABLE SEG
② 승객 수와 좌석 수가 일치하지 않은 경우 – NUMBER OF NAMES NOT EQUAL TO RESERVATIONS
③ 전화번호가 없는 경우 – NEED PHONE FIELD : USE 9
④ “I” enter를 하여야 하는데 “E” enter를 한 경우 – VERIFY ORDER OF ITINERARY SEGMENTS – MODIFY OR END TRANSANTION

5. 다음은 완성된 PNR을 설명한 내용이다. 틀리게 설명된 것은 어느 것인가?

① 완성된 PNR은 애바카스 PNR 번호와 항공사 자체의 PNR 번호를 가지고 있다.
② 항공사 자체의 PNR 번호를 조회하는 방법은 @QSQ/*ABCDEF이다.
③ 완성된 PNR의 좌석확보는 애바카스 PNR만을 확인하면 된다.
④ 애바카스는 항공사의 좌석을 모아주는 역할을 수행한다.

제 9 장

PNR 작성과 예약 코드

1. PNR 작성 연습

다음 조건에 맞는 PNR을 완성하시오.(이름은 알아서)

(1)

승객	: 성인 2명(남자 1명, 여자 1명)			
구간	: 서울	- 동경	-	서울
날짜	:	01MAY	05MAY	
항공사	:	OZ(M)	OZ(M)	

(2)

승객	: 성인 2명(남자 1명, 여자 1명), 소아 1명(7살, 여자아이)			
구간	: 서울	- 싱가포르	-	서울
날짜	:	01JUN	05JUL	
항공사	:	SQ(Y)	SQ(Y)	

(3)

승객	: 성인 1명(여자), 소아 1명(7살, 여자), 유아 1명(23개월, 남)			
구간	: 서울	- 로스앤젤레스	-	서울
날짜	:	01AUG	05SEP	
항공사	:	UA(B)	UA(B)	

(4)

승객	: 성인 1명(여자)					
구간	: 서울 -	뉴욕	X	로스앤젤레스	-	서울
날짜	: 01NOV			05DEC		
항공사	: OZ(B)			OZ(B)		

(5)

승객	: 성인 2명(남자)					
구간	: 서울 -	방콕	X	홍콩	-	서울
날짜	: 01JAN			30JAN쯤이나 미확정(OPEN)		
항공사	: TG(Y)			CX(Y)		

2. 예약 코드

1) 요청 코드(ACTION CODE) : 여행사에서 항공사로

SS	좌석요청 시 좌석이 확보 중임을 의미
LL	대기자로 예약 요청(Waiting Segment)
NN	좌석 및 부대 서비스를 직접 요청할 때 사용(Requesting Segment Need)
GK	항공사로 직접 예약된 여정 혹은 ABACUS 이외의 시스템으로 예약된 여정을 발권의 목적으로 작성하고자 할 때 사용(Guaranteed Booking Code)
XK	해당 항공사에 취소 전문을 보내지 않고 ABACUS PNR 상에서만 취소(Cancel Without Generating Message)

2) 응답 코드(ADVICE CODE) : 항공사에서 여행사로

KK	요청된 내용이 확약되었음을 통보(Confirming)
KL	대기자로부터 좌석이 확약되었음을 통보(Confirming From Waiting List)
DL	대기자로부터 좌석이 확약되었음을 통보받았으나 좌석확약 상태 코드 변경작업(EWR)을 수행하지 않음으로 인하여 다시 대기자 상태로 되돌려졌음을 알려주는 코드
UU	대기자로 예약되었음을 통보(Unable-Have Waitlisted)
US	좌석예약을 확보하였으나 해당항공사에서 대기자로 예약되었음을 통보
UC	대기자 예약도 불가함을 통보(Unable to Confirm)
UN	요청된 항공기가 운항하지 않음을 통보
NO	요청사항이 잘못되었거나 요청사항에 응답을 하지 않음을 통보 (No Action Taken)
HX	항공사에 의해 여정이 취소되었음을 통보(Have Cancelled)
TK	항공사 스케줄이 변경되어 변경된 시간의 좌석이 확약되었음을 나타냄
TL	항공사 스케줄이 변경되어 변경된 시간으로 대기자로 예약되었음을 나타냄
PN	좌석은 이미 요청되어 있는 상태이며 아직 응답을 받지 못한 상태

3) 상태 코드(STATUS CODE)

완성된 PNR의 여정상태는 아래의 3가지 중 1가지 상태로 유지되어 있어야 한다.

HK	예약이 확약되어 있는 상태
HL	대기자로 예약이 되어있는 상태
RR	예약 재확인이 되어있는 상태

〈참고〉 상태 코드 변경 지시어

좌석의 예약상태 코드가 "HK" 즉, 좌석이 확약되어진 예약을 재확인하였음을 나타내는 상태 코드로 다음과 같은 지시어를 사용하여 예약상태 코드를 변경할 수 있다.

```
.1RR
```

```
*I
 1 OZ 301Y 01MAY 6 ICNHKG HK1  0900  1150 /DCOZ*4RBS9P /E
.1RR
 0900  1150  6 SEG 1 SS Y DCOZ /E
SURNAME CHG NOT ALLOWED FOR OZ-G FARECLASS
*I
 1 OZ 301Y 01MAY 6 ICNHKG RR1  0900  1150 /DCOZ /E
```

4) 응답 코드 변경

EWR	응답 코드인 "KK, KL, UU, UC, UN, NO, HX"를 상태 코드 "HL, HK"로 혹은 여정 취소 등을 수행해주는 동시에 PNR을 재조회해준다.

3. 예약 코드의 흐름

세 가지로 분류되는 예약 코드는 상황에 따라 일련의 흐름을 가지고 있다.

① SS → HK → .1RR → RR
② NN → KK → EWR enter → HK
③ LL → HL → KL → EWR enter → HK
④ LL → HL → KL → no action → DL
⑤ LL → HL → UC → EWR enter → 해당여정 취소

```
<PNR - XTNHIY>
 1.1JUNG/ABACUS MS
 1 OZ 301Y 01MAY 6 ICNHKG KL1  0900  1150 /DCOZ /E
PHONES
  1.SEL 02-777-8888 ABC TRVL MS KIM-T
PASSENGER DETAIL FIELD EXISTS - USE PD TO DISPLAY
TICKET RECORD - NOT PRICED
GENERAL FACTS
  1.OSI OZ VIP PAX
  2.SSR VGML OZ KK ICNHKG0301Y01MAY
  3.SSR ADTK 1B NBR TO OZ BY 08MAY10 SEL//OR WL BE XXLD
REMARKS
  1.PLZ CHK PAX C/C
RECEIVED FROM - MS JUNG
Z0F8.Z0F8*ANU 0807/06NOV09 XTNHIY H
EWR
<PNR - XTNHIY>
 1.1JUNG/ABACUS MS
 1 OZ 301Y 01MAY 6 ICNHKG HK1  0900  1150 /DCOZ /E
PHONES
  1.SEL 02-777-8888 ABC TRVL MS KIM-T
PASSENGER DETAIL FIELD EXISTS - USE PD TO DISPLAY
TICKET RECORD - NOT PRICED
GENERAL FACTS
  1.OSI OZ VIP PAX
  2.SSR VGML OZ KK ICNHKG0301Y01MAY
  3.SSR ADTK 1B NBR TO OZ BY 08MAY10 SEL//OR WL BE XXLD
REMARKS
  1.PLZ CHK PAX C/C
RECEIVED FROM - MS JUNG
Z0F8.Z0F8*ANU 0807/06NOV09 XTNHIY H
```

☞ 좌석 응답 코드 “KL”은 좌석이 대기자에서 확약되었음을 알리는 것으로 상태 코드 “HK”로 변경하기 위해선 “EWR" 지시어로 PNR을 정리해 주어야 한다. 그러나 위와 같은 조치를 취하지 않았을 경우에는 “KL → DL”로 자동 변경되어 원래의 상태인 대기자로 변경된다.

연습문제

1. 다음은 예약 코드의 흐름에 대한 내용이다. 적절하지 않은 것은?

① SS → HK → RR ② NN → KK → HK

③ UC → HL → KL ④ LL → KL → HK

2. 다음 화면을 보고 어떤 조치를 취하여야 하는지 바르게 설명한 것은?

```
<PNR - XTNHIY>
 1.1JUNG/ABACUS MS
 1 OZ 301Y 01MAY 6 ICNHKG KL1  0900  1150 /DCOZ /E
PHONES
  1.SEL 02-777-8888 ABC TRVL MS KIM-T
PASSENGER DETAIL FIELD EXISTS - USE PD TO DISPLAY
TICKET RECORD - NOT PRICED
GENERAL FACTS
  1.OSI OZ VIP PAX
```

① 좌석이 확약되었다는 응답 코드로서 EWR로 예약상태를 변경하면 된다.

② 이미 좌석이 확약되었다는 응답 코드로서 예약상태 그대로를 유지한다.

③ EWR로 예약상태를 변경하게 되면 여정이 취소된다.

④ EWR로 예약상태 코드를 변경하게 되면 여정은 "DL"로 상태 코드가 변경된다.

제 10 장

PNR의 선택사항 1

	기본 지시어	설 명
1	3	특별서비스 신청(SSR)
2	3OSI	기타 승객정보 입력
3	5	참고사항(Remarks)
4	6	예약의뢰자(Received From)
5	7	항공권 정보 입력(Ticketing)
6	4G	사전 좌석예약(Pre Reserved Seat)
7	FF	상용고객 마일리지 입력

1. 특별서비스(SSR : Special Service Request)

PNR을 완성한 후 승객이 추가적으로 요청하는 채식이나 휠체어와 같은 부가적인 서비스를 요청할 경우에 입력하는 선택 입력사항으로 특별기내식이나 특수고객을 위한 서비스, 애완동물의 운송과 같은 부가적인 서비스 사항을 항공사에 요청하는 서비스이다. 그러므로 특별서비스 요청은 항공사의 가능여부에 관한 회신을 받아야 하는 서비스이므로 다음과 같은 사항에 주의하여야 한다.

① 특정서비스를 정확하게 요청하기 위해서는 지정된 코드(4-LETTER CODE)로 요청한다.

② 항공사로부터 가능여부를 회신받아야 하므로 최소한 항공편 출발 24시간 이전에 요청한다.

③ 항공사로부터의 회신이 가능일 경우 "KK", 불가능일 경우 "UC"라는 응답 코드로 변환하여 제공하여 준다.

④ 회신이 완료된 PNR은 "EWR"로 정리하여 준다.

이외에도 특별서비스 요청은 입국국가의 요청에 의하여 여권정보 등의 승객정보를 입력하는 데 사용되어진다.

1) 서비스 요청

3VGMLA-1.1	3/야채식 코드/모든 여정-요청승객번호
*P	서비스 신청사항만 조회

```
<PNR - XTNHIY>
 1.1JUNG/ABACUS MS
 1 OZ 301Y 01MAY 6 ICNHKG RR1  0900  1150 /DCOZ /E
 2 OZ 304Y 05MAY 3 HKGICN HK1  0930  1400 /DCOZ*4RBS9P /E
PHONES
  1.SEL 02-777-8888 ABC TRVL MS KIM-T
PASSENGER DETAIL FIELD EXISTS - USE PD TO DISPLAY
TICKET RECORD - NOT PRICED
GENERAL FACTS
  1.SSR ADTK 1B NBR TO OZ BY 08MAY10 SEL//OR WL BE XXLD
RECEIVED FROM - MS JUNG
Z0F8.Z0F8*ANU 0807/06NOV09 XTNHIY H
3VGMLA-1.1 *
*P
PHONES
  1.SEL 02-777-8888 ABC TRVL MS KIM-T
GENERAL FACTS
  1.SSR ADTK 1B NBR TO OZ BY 08MAY10 SEL//OR WL BE XXLD
  2.SSR VGML OZ NN ICNHKG0301Y01MAY
  3.SSR VGML OZ NN HKGICN0304Y05MAY
RECEIVED FROM - MS JUNG
Z0F8.Z0F8*ANU 0807/06NOV09 XTNHIY H
```

☞ 서비스 요청 코드인 "NN"을 확인할 수 있다.

〈응답〉 ER

```
1.1JUNG/ABACUS MS
 1 OZ 301Y 01MAY 6 ICNHKG RR1  0900  1150 /DCOZ /E
 2 OZ 304Y 05MAY 3 HKGICN HK1  0930  1400 /DCOZ*4RBS9P /E
PHONES
  1.SEL 02-777-8888 ABC TRVL MS KIM-T
PASSENGER DETAIL FIELD EXISTS - USE PD TO DISPLAY
TICKET RECORD - NOT PRICED
GENERAL FACTS
  1.SSR ADTK 1B NBR TO OZ BY 08MAY10 SEL//OR WL BE XXLD
  2.SSR VGML OZ KK ICNHKG0301Y01MAY
  3.SSR VGML OZ KK HKGICN0304Y05MAY
RECEIVED FROM - MS JUNG
Z0F8.Z0F8*ANU 0807/06NOV09 XTNHIY H
```

☞ 서비스 응답 코드인 "KK" 즉, 항공사로부터 가능하다는 응답을 받은 것을 확인할 수 있다.

〈정리〉 EWR

```
1.1JUNG/ABACUS MS
 1 OZ 301Y 01MAY 6 ICNHKG RR1  0900  1150 /DCOZ /E
 2 OZ 304Y 05MAY 3 HKGICN HK1  0930  1400 /DCOZ*4RBS9P /E
PHONES
  1.SEL 02-777-8888 ABC TRVL MS KIM-T
PASSENGER DETAIL FIELD EXISTS - USE PD TO DISPLAY
TICKET RECORD - NOT PRICED
GENERAL FACTS
  1.SSR ADTK 1B NBR TO OZ BY 08MAY10 SEL//OR WL BE XXLD
  2.SSR VGML OZ HK ICNHKG0301Y01MAY
  3.SSR VGML OZ HK HKGICN0304Y05MAY
RECEIVED FROM - MS JUNG
Z0F8.Z0F8*ANU 0807/06NOV09 XTNHIY H
```

☞ PNR은 항상 "HK"와 "HL"로 유지되어 있어야 하므로 "EWR" 지시어를 통하여 응답 코드를 정리해 주어야 한다.

〈기내식 코드의 종류〉

	4 Letter Code	풀 이	설 명
1	BBML	Baby Meal	유아식(이유식 혹은 분유 등)
2	BLML	Bland Meal	자극적이지 않은 부드러운 음식
3	CHML	Child Meal	소아식
4	DBML	Diabetic Meal	당뇨식
5	VGML	Vegeterian Meal	야채식
6	HNML/KSML/MOML	Hindu Meal	각종 종교식

〈기타 코드의 종류〉

	4 Letter Code	풀이	설명
1	BSCT	Bassinet	아기바구니
2	CBBG	Cabin Baggage	기내운송 요청 수하물
3	PETC	Pet In Cabin	기내운송 애완용 동물
4	UMNR	Unaccompanid Minor	보호자를 동반하지 않은 비동반 소아
5	EXST	Extra Seat	추가좌석 신청

2) 기타 서비스 요청

	지시어	설명
1	3BSCTA-1.1	아기바구니 신청 보호자 승객번호로 지정
2	3CBBG2/CHELLO-2.1	2번 여정에 2번 승객을 위한 기내운송 수하물
3	3PETC1/PUPPY-1.1	1번 여정에 1번 승객을 위한 기내운송 강아지
4	3UMNRA/UM10-1.1	모든 여정에 10살 비동반 소아 1번인 승객
5	3EXST1/OVER SIZED PAX-1.1	1번 여정에 1번 승객을 위한 추가 좌석

☺ 비동반 소아 요청은 항공사마다 규정이 다르므로 항공사에 문의 후 신청한다.

3) APIS(Advanced Passenger Information System : 사전입국심사) 정보 입력

1990년대 중반부터 미국, 호주, 중국 등 일부 국가들이 자국민의 안전과 보호를 위해 입국 절차를 간소화함과 동시에 사전에 입국심사를 받도록 하는 제도로써 입국을 위한 승객의 여권번호, 국적, 생년월일, 현지연락처 등을 미리 PNR에 입력하는 제도이다. 특히 미국의 경우 보안강화를 목적으로 승객의 현지체류지 정보, 거주지 국가 정보도 요구하고 있으며 이 조치는 IATA 강제규정으로 법적 구속력을 갖고 있다. 이 제도는 최근 들어 여러 국가들에서 확대시행하고 있으며, 항공사마다 입력방식을 다르게 적용하고 있다.

가. DOCS 가입항공사의 APIS 입력방법

1단계	여권정보입력	3DOCS/P/KR/SC123456/KR/06MAY72/M/15OCT09/HAN/ABACUS-1.1
2단계	체류지 정보입력	3DOCA/D/US/987MAIN STREET/LAX/CA/76040-1.1
3단계	거주지 정보입력	3DOCA/R/KR-1.1
	조회	*P3

〈1단계〉

3DOCS/P/KR/SC123456/KR/06MAY72/M/15OCT09/HAN/ABACUS-1.1

1	3DOCS/P	기본 지시어/여권(Passport)
2	/KR/SC123456	/여권발급국가(한국)/여권번호
3	/KR/06MAY72	/국적(한국)/생년월일(DDMMMYY)
4	/M/15OCT09	/성별(남 Male, 여 Female)/여권만료일
M	/HAN/ABACUS-1.1	/성/이름 - 승객번호

```
<PNR - XPFTLX>
 1.1PARK/JUNGHEEMR
 1 OZ 202Y 01DEC 2 ICNLAX HK1  1630  1200 /DCOZ* /E
 2 OZ 201Y 30DEC 3 LAXICN HK1  1401  1830#2 /DCOZ* /E
PHONES
  1.SEL 02-777-8888 AAA TRVL JUNG-T
  2.SEL 010-234-5678-T
PASSENGER DETAIL FIELD EXISTS - USE PD TO DISPLAY
TICKET RECORD - NOT PRICED
GENERAL FACTS
  1.SSR ADTK 1B NBR TO OZ BY 08DEC09 SEL//OR WL BE XXLD
RECEIVED FROM - P
Z0F8.Z0F8*ANU 0542/07NOV09 XPFTLX H
3DOCS/P/KR/SC123456/KR/06MAY72/M/15OCT09/HAN/ABACUS-1.1 *
*P3
GENERAL FACTS
  1.SSR ADTK 1B NBR TO OZ BY 08DEC09 SE 1.1 PARK/JUNGHEEMR
    L//OR WL BE XXLD
  2.SSR DOCS OZ NN1/P/KR/SC123456/KR/06 1.1 PARK/JUNGHEEMR
    MAY72/M/15OCT09/HAN/ABACUS
```

〈2단계〉

3DOCA/D/US/987 MAIN STREET/LAX/CA/76040-1.1

1	3DOCS/D	기본 지시어/목적지(Destination)
2	/US/987 MAIN STREET/LAX	/목적지국가(미국)/주소/도시
3	/CA/76040	/주(캘리포니아)/우편번호(Zip Code)
4	–1.1	–승객번호

```
3DOCA/D/US/987 MAIN STREET/LAX/CA/76040-1.1 *
*P3
GENERAL FACTS
  1.SSR ADTK 1B NBR TO OZ BY 08DEC09 SE 1.1 PARK/JUNGHEEMR
    L//OR WL BE XXLD
  2.SSR DOCS OZ NN1/P/KR/SC123456/KR/06 1.1 PARK/JUNGHEEMR
    MAY72/M/15OCT09/HAN/ABACUS
  3.SSR DOCA OZ NN1/D/US/987 MAIN STREE 1.1 PARK/JUNGHEEMR
    T/LAX/CA/76040
```

〈3단계〉

3DOCA/R/KR-1.1

1	3DOCS/R	기본 지시어/거주지(Residence)
2	/KR-1.1	/거주지국가 코드(한국)-승객번호

```
3DOCA/R/KR-1.1
*P3
GENERAL FACTS
  1.SSR ADTK 1B NBR TO OZ BY 08DEC09 SE 1.1 PARK/JUNGHEEMR
    L//OR WL BE XXLD
  2.SSR DOCS OZ NN1/P/KR/SC123456/KR/06 1.1 PARK/JUNGHEEMR
    MAY72/M/15OCT09/HAN/ABACUS
  3.SSR DOCA OZ NN1/D/US/987 MAIN STREE 1.1 PARK/JUNGHEEMR
    T/LAX/CA/76040
  4.SSR DOCA OZ NN1/R/KR 1.1 PARK/JUNGHEEMR
```

〈완성〉 ER

```
ER
<PNR - XPFTLX>
 1.1PARK/JUNGHEEMR
 1 OZ 202Y 01DEC 2 ICNLAX HK1  1630  1200 /DCOZ* /E
 2 OZ 201Y 30DEC 3 LAXICN HK1  1401  1830#2 /DCOZ* /E
PHONES
  1.SEL 02-777-8888 AAA TRVL JUNG-T
  2.SEL 010-234-5678-T
PASSENGER DETAIL FIELD EXISTS - USE PD TO DISPLAY
TICKET RECORD - NOT PRICED
GENERAL FACTS
  1.SSR ADTK 1B NBR TO OZ BY 08DEC09 SEL//OR WL BE XXLD
  2.SSR                    DOCS                    OZ
  NN1/P/KR/SC123456/KR/06MAY72/M/15OCT09/HAN/ABACUS
  3.SSR DOCA  KK D/US/987 MAIN STREET/LAX/CA/76040
  4.SSR DOCA  KK R/KR
RECEIVED FROM - P
Z0F8.Z0F8*ANU 0542/07NOV09 XPFTLX H
```

4) 삭제 및 조회

31@	3번 지시어 사항의 1번을 삭제
31-3@	3번 지시어 사항의 1번부터 3번까지 삭제
31/4@	3번 지시어 사항의 1번과 4번만 삭제
*P3	3번 지시어 사항만 조회하고자 할 때

연습문제

1. 다음은 특별서비스(SSR)에 대한 내용이다. 바르지 못한 것은 어느 것인가?

① SSR 요청은 최소한 여행개시 72시간 전에 요청하여야 한다.
② 비동반 소아 요청은 항공사마다 규정이 다르므로 항공사로 확인한 후 요청한다.
③ SSR은 항공사에 요청 후 가능 여부에 대한 확답을 받는 서비스 항목이다.
④ SSR은 특별 코드인 4LETTERS 코드를 이용하여 요청하여야 한다.

2. 다음은 특별서비스(SSR) 요청 지시어와 설명을 연결한 것이다. 바르지 못한 것은 어느 것인가?

① 3VGMLA-1.1 : 모든 여정의 첫 번째 승객에게 야채식 요청
② 3PETC2-1.1 : 두 번째 여정의 첫 번째 승객에게 애완용 기내서비스 요청
③ 3BBML3-4.1 : 세 번째 여정의 네 번째 승객에게 유아식 서비스 요청
④ 3UMNR1/UM10-1.1 : 10번째 여정의 첫 번째 승객에게 비동반 소아 서비스 요청

3. 다음은 특별서비스(SSR) 요청 단계에 대하여 기술한 것이다. 순서가 바르게 연결된 것은?

① 3VGMLA-1.1 → *A → KK → EWR enter → HK
② 3VGMLA-1.1 → *A → NN → ER → KK → EWR enter → HK
③ 3VGMLA-1.1 → NN → *A → KK → ER → HK
④ 3VGMLA-1.1 → NN → ER → KK → ER → HK

4. 다음은 사전입국심사정보(APIS) 입력 지시어에 대한 내용이다. 틀린 것은 어느 것인가? 여권정보는 보기를 참조하시오.

〈보기〉

KR/SC123456	여권발급국가(한국) /여권번호
KR/06MAY72	국적(한국) /생년월일(DDMMMYY)
M/15OCT09	성별(남) / 여권만료일
HAN/ABACUS / 1.1	성/이름 / 승객번호

① 3DOCS/P/KR/SC123456/KR/06MAY72/M/15OCT09/HAN/ABACUS-1.1 : 여권정보 입력
② 3DOCA/D/US/987MAIN STREET/LAX/CA/76040-1.1 : 체류지 정보 입력
③ 3DOCA/R/KR-1.1 : 거주지 정보입력
④ 3DOCS/P/KR/SC123456/15OCT09/M/06MAY72/HAN/ABACUS-1.1 : 여권정보

2. 일반 정보서비스(OSI : Other Service Information)

승객에 대한 일반적인 정보나 승객의 여행에 관련된 정보를 항공사에 알려줌으로써 항공사에서 참고하도록 하는 데 목적이 있으며 항공사로부터 회신을 받을 필요가 없다. 입력형식은 해당항공사를 지정한 후 전달하고자 하는 사항을 자유롭게 입력한다.

1) 기본 입력 지시어

```
3OSI OZ LCTC LAX 777-8888 HILTON HOTEL ROOM NO 302 MS KIM
```

1	3OSI	기본 입력 지시어
2	OZ	해당 내용을 전달하고자 하는 항공사
3	LCTC LAX ...	LAX의 현지연락처(Local Contact)를 나타냄

```
<PNR - XPFTLX>
 1.1PARK/JUNGHEEMR
 1 OZ 202Y 01DEC 2 ICNLAX HK1  1630  1200 /DCOZ* /E
 2 OZ 201Y 30DEC 3 LAXICN HK1  1401  1830#2 /DCOZ* /E
PHONES
  1.SEL 02-777-8888 AAA TRVL JUNG-T
  2.SEL 010-234-5678-T
PASSENGER DETAIL FIELD EXISTS - USE PD TO DISPLAY
TICKET RECORD - NOT PRICED
GENERAL FACTS
  1.SSR ADTK 1B NBR TO OZ BY 08DEC09 SEL//OR WL BE XXLD
RECEIVED FROM - P
Z0F8.Z0F8*ANU 0542/07NOV09 XPFTLX H
3OSI OZ LCTC LAX 777-8888 HILTON HOTEL ROOM NO 302 MS KIM *
*P3
GENERAL FACTS
  1.SSR ADTK 1B NBR TO OZ BY 08DEC09 SE 1.1 PARK/JUNGHEEMR
    L//OR WL BE XXLD
  2.OSI OZ LCTC LAX 777-8888 HILTON HOTEL ROOM NO 302 MS KIM
```

☞ 왕복여정일 경우 항공사의 사정상 결항이나 지연 등의 이유나 예약의 재확인을 위한 것으로 승객의 불편을 최소화하는데 도움을 준다.

2) 기타 입력 지시어 예

3OSI CX SPEAKS KOREAN ONLY	특정 언어에 대한 정보
3OSI OZ VIP INFO CEO OF LG-1.1	특정 승객에 대한 VIP 정보
3OSI TG PLZ DAPO CFM SEG 2 X TKS	특정여정에 대한 확약부탁 정보

```
3OSI CX SPEAKS KOREAN ONLY *
*P3
GENERAL FACTS
  1.SSR ADTK 1B NBR TO OZ BY 08DEC09 SE 1.1 PARK/JUNGHEEMR
    L//OR WL BE XXLD
  2.OSI OZ LCTC LAX 777-8888 HILTON HOT
    EL ROOM NO 302 MS KIM
  3.OSI CX SPEAKS KOREAN ONLY
```

3) 수정 및 삭제와 조회

특별서비스와 일반 서비스 항목은 GENERAL FACTS 사항으로 입력되며 수정, 삭제 조회 지시어는 동일하게 적용된다.

32@	3번 지시어의 2번 항목을 삭제
31-2@	3번 지시어의 1번부터 2번 항목을 삭제
31/3@	3번 지시어의 1번과 3번 항목을 삭제
32@OSI OZ SPEAKS FRENCH ONLY	3번 지시어의 2번 항목내용을 수정
*P3	3번 지시어 사항만 조회

〈참고〉

GENERAL FACTS 사항 중 1번째 항목에서 항공사 표시가 되어 있지 않고 1B로 표시되어진 내용은 항공사에서 애바카스 사용자에게 어떤 내용을 전달하고자 할 때 나타나는 사항으로써 위의 경우는 2009년 12월 08일까지 항공권을 발권하여야 하며 그렇지 않을 경우 취소된다는 내용이다.

```
<PNR - XPFTLX>
 1.1PARK/JUNGHEEMR
 1 OZ 202Y 01DEC 2 ICNLAX HK1  1630  1200 /DCOZ* /E
 2 OZ 201Y 30DEC 3 LAXICN HK1  1401  1830#2 /DCOZ* /E
PHONES
  1.SEL 02-777-8888 AAA TRVL JUNG-T
  2.SEL 010-234-5678-T
PASSENGER DETAIL FIELD EXISTS - USE PD TO DISPLAY
TICKET RECORD - NOT PRICED
GENERAL FACTS
  1.SSR ADTK 1B NBR TO OZ BY 08DEC09 SEL//OR WL BE XXLD
  2.OSI OZ LCTC LAX 777-8888 HILTON HOTEL ROOM NO 302 MS KIM
RECEIVED FROM - P
Z0F8.Z0F8*ANU 0542/07NOV09 XPFTLX H
```

〈정리〉

내용	애바카스
특별서비스 요청	3FVGMLA-1.1
일반서비스 정보 입력	3OSI OZ PAX DONT SPEAK ENGLISH
특별서비스 사항 삭제	31@
일반서비스 사항 삭제	31@
서비스 사항 조회	*P3
요청서비스 정리	EWR

연습문제

1. 다음 일반서비스(OSI)에 대한 내용이다. 바르지 못한 것은 어느 것인가?

① 기본 지시어는 3OSI이며 형식은 해당항공사 입력 후 전달내용을 자유롭게 기술한다.

② PNR의 필수 입력사항으로 항공사로부터 회신을 받을 필요가 없다.

③ 항공사에 필요할 경우 참고사항으로 사용하라는 내용으로 특별한 형식은 없다.

④ PNR의 구성요소 중 GENERAL FACTS사항에 입력 확인된다.

2. 다음은 일반서비스(OSI)에 대한 지시어이다. 바르지 못한 것은 어느 것인가?

① 3OSI OZ SPEAKS KOREAN ONLY : 특정 언어사용에 대한 정보

② 32-3@ : GENERAL FACTS 사항의 2번 항목부터 3번 항목까지 삭제

③ *P : GENERAL FACTS 사항만 조회 시

④ 32/5@ : 3번 지시어 사항 중 2번 항목과 5번 항목만 삭제

3. 다음 내용 중 일반서비스(OSI)에 해당되지 않는 것은 어느 것인가?

① 한국말만을 할 수 있다는 정보를 해당항공사에 알려준다.

② 현지연락처를 해당항공사에 알려준다.

③ 당뇨병이 있어 당뇨식을 해당항공사에 요청한다.

④ 국회의원임을 해당항공사에 알려준다.

제 11 장

PNR의 선택사항 2

1. 사전좌석 예약(PRE RESERVED SEAT)

모든 항공사 및 좌석이 허용되는 것이 아니므로 허용여부 및 규정을 확인하고 배정한다.

1단계	Y/AAI/PRS	좌석배정 가능항공사 조회
2단계	Y/P8	해당항공사 규정 조회

〈1단계〉

```
CATEGORY-AAI SUBJECT-PRS                                 PAGE  001
01 ***********************************************************0
2                   INDEX PAGE FOR CARRIERS
03                     PARTICIPATING IN
04                  PRE-RESERVE SEAT ASSIGNMENT
05 ************************************************************
06 CC      CARRIER NAME                PARTICIPATING TYPE   PAGE
07 ---   ------------------------------ --------------------- -------
08 AA    AMERICAN AIRLINES             INTERACTIVE PRS      Y/P8
09 AF    AIR FRANCE                    NON I PRS            Y/P9
10 BA    BRITISH AIRWAYS               NON I PRS            Y/P10
11 CI    CHINA AIRLINES                INTERACTIVE PRS      Y/P11
12 CO    CONTINENTAL AIRLINES          NON I PRS            Y/P12
13 AM    AEROMEXICO                    NON I PRS            Y/P13
14 CX    CATHAY PACIFIC AIRWAYS        INTERACTIVE PRS      Y/P14
15 DL    DELTA AIRLINES                NON I PRS            Y/P15
16 GF    GULF AIR                      INTERACTIVE PRS      Y/P16
17 KA    HONG KONG DRAGON AIRLINES     INTERACTIVE PRS      Y/P17
18 KL    KLM ROYAL DUTCH AIRLINES      NON I PRS            Y/P18
19 LH    LUFTHANSA                     INTERACTIVE PRS      Y/P19
20 NH    ALL NIPPON AIRWAYS            INTERACTIVE PRS      Y/P20
21 AV    AVIANCA                       NON I PRS            Y/P21
22 NW    NORTHWEST AIRLINES            NON I PRS            Y/P22
23 NZ    AIR NEW ZEALAND               NON I PRS            Y/P23 #
```

〈2단계〉

```
CATEGORY-AAI SUBJECT-PRS                                   PAGE  008
*************************************************************
                PRE-RESERVED SEAT INFORMATION
                              FOR
                       AMERICAN AIRLINES
*************************************************************

*** PARTICIPATION TYPE : INTERACTIVE PRS

BOOKABLE DATE RANGE FOR PRS :
----------------------------
MINIMUM : 4HOURS BEFORE FLIGHT DEPARTURE
MAXIMUM : 331 DAYS AHEAD

CLASS APPLICABLE : ALL

MAXIMUM NO. OF SEATS MAY BE REQUESTED : 9

ACCEPTABLE SEAT REQUESTS :
-------------------------
AA ACCEPTS EITHER GENERIC OR SPECIFIC SEAT REQUESTS.
E.G.     ENTRY FOR GENERIC PRS : 4G1/NA
                  SPECIFIC PRS : 4G1/5A
WHERE NA : NON-SMOKING AISLE SEAT#                                  #
```

1) 좌석예약 절차

1단계	4G1*	1번 여정의 좌석상황을 확인
2단계	4G1/18C 혹은 4G1/18C18D	1번 여정에 좌석번호 배정 요청
3단계	ER 후 *B	저장 및 좌석배정 상황 확인
4단계	4G1HK	항공사로부터 확약받은 후 좌석상태 정리
5단계	ER 후 *B	좌석상태 정리 후 저장 확인

〈1단계〉 4G1*

```
OZ RESPONSE
01  OZ 202  01DEC   Y
        N  ...  ...       ... ... ...  ...  ...  ...   N
        N  ...  ... ...   ... ... ...  ...  ...  ...   N
WING    N  ...  ... ...   ... ... ...  ...  ...  ...   N WING
WING    N  ...  ... ...   ... ... ...  ...  ...  ...   N WING
WING    N  ...  ... ...   ... ... ...  ...  ...  15K   N WING
WING    N  16A  ... ...   16D ... 16G  16H  ...  16K   N WING
WING    N  17A  ... ...   17D ... 17G  17H  ...  17K   N WING
WING    N  18A  ... 18C   18D ... 18G  18H  ...  18K   N WING
WING    N  19A  ... 19C   19D ... 19G  19H  ...  19K   N WING
WING    N  20A  ... 20C   20D ... 20G  20H  ...  20K   N WING
WING    N  21A  ... 21C   21D ... 21G  21H  ...  ...   N WING
WING    N  ...  ... ...   ... ... ...  ...  ...  ...   N WING
WING    N  ...  ... ...   ... ... ...  ...  ...  ...   N WING
#
@MD TO SEE MORE
```

☞ 좌석번호가 있는 좌석만이 배정이 가능하며 더 많은 좌석상황을 보고 싶을 경우 @MD를 통하여 상황을 확인할 수 있다.

〈2단계〉 4G1/18C

```
4G1/18C
18C   OZ 202Y 01DECICNLAX    REQUESTED                PARK/JUNGHEEMR
```

☞여러 사람일 경우 4G1/18C18D 등으로 인원수 만큼 요청할 수 있다.

〈3단계〉 ER 후 *B

```
<PNR - XPFTLX>
 1.1PARK/JUNGHEEMR
 1 OZ 202Y 01DEC 2 ICNLAX HK1  1630  1200 /DCOZ* /E
 2 OZ 201Y 30DEC 3 LAXICN HK1  1401  1830#2 /DCOZ* /E
PHONES
  1.SEL 02-777-8888 AAA TRVL JUNG-T
  2.SEL 010-234-5678-T
PASSENGER DETAIL FIELD EXISTS - USE PD TO DISPLAY
TICKET RECORD - NOT PRICED
GENERAL FACTS
  1.SSR ADTK 1B NBR TO OZ BY 08DEC09 SEL//OR WL BE XXLD
RECEIVED FROM - P
Z0F8.Z0F8*ANU 0542/07NOV09 XPFTLX H B
*B
SEATS/BOARDING PASS
 1 OZ 202Y 01DEC ICNLAX KK 18C          1.1 PARK/JUNGHEEMR
```

☞ 항공사로부터 좌석배정이 가능함을 뜻하는 “KK”을 회신받았다.

〈4단계〉 4G1HK

```
4G1HK
#DONE#
*B
SEATS/BOARDING PASS
 1 OZ 202Y 01DEC ICNLAX HK 18C          1.1 PARK/JUNGHEEMR
```

〈5단계〉 ER 후 *B

```
<PNR - XPFTLX>
 1.1PARK/JUNGHEEMR
 1 OZ 202Y 01DEC 2 ICNLAX HK1  1630  1200 /DCOZ* /E
 2 OZ 201Y 30DEC 3 LAXICN HK1  1401  1830#2 /DCOZ* /E
PHONES
   1.SEL 02-777-8888 AAA TRVL JUNG-T
   2.SEL 010-234-5678-T
PASSENGER DETAIL FIELD EXISTS - USE PD TO DISPLAY
TICKET RECORD - NOT PRICED
GENERAL FACTS
   1.SSR ADTK 1B NBR TO OZ BY 08DEC09 SEL//OR WL BE XXLD
RECEIVED FROM - P
Z0F8.Z0F8*ANU 0542/07NOV09 XPFTLX H B
*B
SEATS/BOARDING PASS
 1 OZ 202Y 01DEC ICNLAX HK 18C          1.1 PARK/JUNGHEEMR
```

☞ 좌석상황상태 정리 저장 후 좌석상태가 "HK"인 것을 확인할 수 있다.

2) 취소

4GX1	1번 구간에 대한 좌석 취소
4GXALL	좌석 배정된 모든 구간에 대한 좌석 취소

3) 사전좌석 배정의 유의사항

① 예약이 확약된 경우만 가능하므로 대기자나 유아일 경우는 좌석배정이 불가능하다.

② 최소한 출발 24시간 전까지 요청되어야 한다.

③ 요청된 좌석은 확약 "KK"와 불가능 "UC"로 응답받을 수 있다.

④ 좌석배정이 실시된 여정을 취소할 경우 배정된 좌석도 같이 취소된다.

〈정리〉

내용	애바카스
좌석배치도 조회	4G1*
좌석요청	4G1/30A
요청좌석 정리	4G1HK
취소	4GX1
조회	*B

연습문제

1. 다음 사전좌석 배정에 대한 화면을 보고 다음에 취해야 할 상황에 알맞은 지시어는?

```
*B
SEATS/BOARDING  PASS
 1 OZ 202Y 01DEC ICNLAX KK 18C            1.1 PARK/JUNGHEEMR
```

① 4GX1　　② 4G.1HK

③ 4G1XK　　④ 4G1HK

2. 다음은 사전좌석배정에 대한 내용이다. 바르지 못한 것은 어느 것인가?

① 대기자일 경우라도 추후 "HK"가 되었을 경우에는 좌석배정이 가능하다.
② 최소한 출발 24시간 전까지는 요청되어져야 한다.
③ 항공사마다 모두 허용이 되는 것이 아니므로 사전확인 후 요청하여야 한다.
④ 최소한 출발 72시간 전까지라면 모든 좌석상태는 "KK"로 응답받을 수 있다.

3. 다음은 사전좌석배정 지시어와 설명에 대한 내용이다. 바르지 못한 것은 어느 것인가?

① 4G1* : 1번 여정 좌석상황 조회
② 4GXALL : 모든 좌석배정 구간 취소
③ *B : 좌석배정 상황 조회
④ 4G1/2* : 1과 2번 여정 좌석상황 조회

2. 상용고객 마일리지 입력(FREQUENT FLYER PROGRAM)

항공사에서 제공하는 마일리지 적립을 통하여 승객은 탑승하는 구간의 거리를 적립하여 차후 적립된 마일리지 접수에 따라 무상으로 항공권을 제공받거나 차상위 CLASS로 탑승할 수 있도록 서비스를 제공받을 수 있다.

1) 지시어

FF OZ12345689-1.1	FF/OZ 마일리지카드 번호-승객번호
FFOZ123456789/SQ-1.1	FF/OZ 마일리지카드 번호/탑승항공사-승객번호
*FF	입력된 마일리지 조회
FF1@	FF1번 입력사항 삭제

```
<PNR - XPFTLX>
 1.1PARK/JUNGHEEMR
 1 OZ 202Y 01DEC 2 ICNLAX HK1  1630  1200 /DCOZ* /E
 2 OZ 201Y 30DEC 3 LAXICN HK1  1401  1830#2 /DCOZ* /E
PHONES
  1.SEL 02-777-8888 AAA TRVL JUNG-T
  2.SEL 010-234-5678-T
PASSENGER DETAIL FIELD EXISTS - USE PD TO DISPLAY
TICKET RECORD - NOT PRICED
GENERAL FACTS
  1.SSR ADTK 1B NBR TO OZ BY 08DEC09 SEL//OR WL BE XXLD
RECEIVED FROM - P
Z0F8.Z0F8*ANU 0542/07NOV09 XPFTLX H B
FFOZ123456789-1.1 *
*FF
FREQUENT TRAVELER
  1.OZ 123456789           NN OZ   1.1 PARK/JUNGHEEMR
FF1@ *
*FF
#NO PSGR DATA#
```

2) 기타 지시어

CH*7402191000000	CH*주민번호(OZ 마일리지카드 번호조회)
PT*KE	PT*KE(KE 마일리지 프로그램 제휴사 조회)

```
CH*7402191000000
A/C MEMBER INFORMATION PROFILE - SLVR 00 467 300 2
    APPLIED DTE - 12JAN93
    CREATED DTE - 12JAN93
   ADJUSTED DTE - 12JAN93
>--------------------------------------------------------------------------------
           RV_BNS        AV_BNS        TTL_ML        AIR_ML        OZ_CNT
TM.             0         9,949         9,949         1,500             3
>--------------------------------------------------------------------------------
      PHONE
01/9B*82-0-2127-8433
      FACTS
02/4FOSIOZ SLVR CLUB-HONG/GILDONGMR
03/4FOSIOZ LADY CLUB
      FREQUENT FLYER NUMBER
04/4FSSRFQTVOZHK/OZ004673002
>--------------------------------------------
      NAMES
01/-HONG/GILDONGMR
02/ 홍길동
```

```
PT*KE
FQTV PARTICIPATING AIRLINE EXCHANGE/PARTNERSHIP AGREEMENTS
------------------------------------------------------------------------------
 USE. FF OC  FF NUMBER / RC -N.N TO TRANSMIT FLIGHT INFO
          OC-OWNING          RC-RECEIVING
            CARRIER            CARRIER

          /*/ SEGMENT SPECIFIC ALLOWED
 KE-180 KOREAN AIR
          ACCEPTS FF ACCOUNT NUMBERS IN THE PROGRAMS LISTED
          AF  AM  AZ  CO* DL  EK  KE  KL  NW  OK  SU  VN
```

3. REMARKS

예약과 발권과 관련된 내부적인 참고사항을 입력할 때 사용하며 항공사로 전송되는 내용은 아니다. 자유롭게 입력할 수 있다.

1) 지시어

5SKD CHG BY PARK/MIRA 031-222-3333 05DEC	5... 자유입력
5**DEP RCFM BY PAX AT 03MAY	5....자유입력
*P	5번 지시어 입력사항 조회
51@	5번의 1번 사항 삭제

```
5SKD CHG BY PARK/MIRA 031-222-3333 05DEC *
*P
PHONES
  1.SEL 02-777-8888 AAA TRVL JUNG-T
  2.SEL 010-234-5678-T
GENERAL FACTS
  1.SSR ADTK 1B NBR TO OZ BY 08DEC09 SEL//OR WL BE XXLD
REMARKS
  1.SKD CHG BY PARK/MIRA 031-222-3333 05DEC
RECEIVED FROM - P
Z0F8.Z0F8*ANU 0542/07NOV09 XPFTLX H B
51@ *
*P
*P
PHONES
  1.SEL 02-777-8888 AAA TRVL JUNG-T
  2.SEL 010-234-5678-T
GENERAL FACTS
  1.SSR ADTK 1B NBR TO OZ BY 08DEC09 SEL//OR WL BE XXLD
RECEIVED FROM - P
Z0F8.Z0F8*ANU 0542/07NOV09 XPFTLX H B
```

4. RECEIVED FROM

예약 의뢰자 또는 예약 변경을 요청한 사람의 이름과 연락처를 입력하는 기능이며, 입력된 결과는 항상 하나만 보여주는 SINGLE FIELD이다. 최초 저장된 사항은 삭제되지 않는다.

1) 지시어

6MR PARK 031-222-3333	예약 의뢰자와 연락처 입력
6P	예약 의뢰한 사람이 예약자임을 표기
6@	삭제

```
<PNR - XTNHIY>
 1.1JUNG/ABACUS MS
 1 OZ 301Y 01MAY 6 ICNHKG RR1  0900  1150 /DCOZ /E
 2 OZ 304Y 05MAY 3 HKGICN HK1  0930  1400 /DCOZ*4RBS9P /E
PHONES
  1.SEL 02-777-8888 ABC TRVL MS KIM-T
PASSENGER DETAIL FIELD EXISTS - USE PD TO DISPLAY
TICKET RECORD - NOT PRICED
GENERAL FACTS
  1.SSR ADTK 1B NBR TO OZ BY 08MAY10 SEL//OR WL BE XXLD
RECEIVED FROM - MR PARK 031-222-3333
Z0F8.Z0F8*ANU 0807/06NOV09 XTNHIY H
```

제 **12** 장

DIVIDE

1. 특 징

PNR의 완성 후 동일한 PNR에 예약되어 있는 일부의 승객이 여정을 취소하거나 변경하고자 하는 경우에 사용하는 기능이 바로 DIVIDE이다. DIVIDE는 최초 하나의 PNR에 존재하던 복수의 승객들이 분리기능을 통해 그중의 일부 승객이 또 다른 새로운 예약번호를 구성하여 존재하도록 나누는 기능으로 동일한 PNR 내에서는 여정이 변경된 승객이 함께 존재할 수 없기 때문에 별도의 새로운 PNR로 분리시켜야만 하는 것이다. 이러한 분리작업을 시작하기 전의 PNR을 ORIGIN PNR이라 하고, 분리작업을 진행한 후 새롭게 생성된(분리된) PNR을 DIVIDE PNR이라고 한다. 여기서 DIVIDE 작업의 최종 목적은 분리된 승객의 여정 취소 혹은 변경이다.

2. 순 서

1단계	*IBPBPA	PNR 조회
2단계	D2 혹은 D1*3	2번 승객분리(1번과 3번 승객분리)
3단계	6P	RECIEVED FROM 사항 입력
4단계	F	중간 저장
5단계	6P	ORIGIN PNR 상에 RECIEVED FROM 입력
6단계	E	저장 완료
7단계	*FBPEPB	예약변경에 해당되는 PNR 조회 후 작업진행

〈1단계〉 PNR 조회

```
<PNR - IBPBPA>
 1.1KIM/ABACUS MR    2.1KIM/AIANA MS
 1 OZ 541M 01AUG 7 ICNFRA HK2  1230  1700 /DCOZ*QEUDR7 /E
 2 OZ 542M 30AUG 1 FRAICN HK2  1900  1230#1 /DCOZ*QEUDR7 /E
PHONES
  1.SEL 02-777-9999 AAA TRVL KIM-T
  2.SEL 017-888-9999-T
PASSENGER DETAIL FIELD EXISTS - USE PD TO DISPLAY
TICKET RECORD - NOT PRICED
GENERAL FACTS
  1.SSR ADTK 1B NBR TO OZ BY 08AUG10 SEL//OR WL BE XXLD
RECEIVED FROM - P
Z0F8.Z0F8*ANU 2057/08NOV09 IBPBPA H
```

〈2단계〉 D2(승객분리)

```
<PNR - FBPEPB>
 1.1KIM/AIANA MS
 1 OZ 541M 01AUG 7 ICNFRA HK1  1230  1700 /DCOZ*QEUDR7 /E
 2 OZ 542M 30AUG 1 FRAICN HK1  1900  1230#1 /DCOZ*QEUDR7 /E
PHONES
  1.SEL 02-777-9999 AAA TRVL KIM-T
  2.SEL 017-888-9999-T
PASSENGER DETAIL FIELD EXISTS - USE PD TO DISPLAY
TICKET RECORD - NOT PRICED
REMARKS
  1.DIVIDED/Z0F8*ANU 2101/08NOV09 IBPBPA
  2.H-SPLIT FR/210137/08NOV09 IBPBPA02/02 01/01 KIM/AIANA MS
Z0F8.Z0F8*ANU 2101/08NOV09 FBPEPB H
```

〈3단계〉 6P

```
<PNR - FBPEPB>
 1.1KIM/AIANA MS
 1 OZ 541M 01AUG 7 ICNFRA HK1  1230  1700 /DCOZ*QEUDR7 /E
 2 OZ 542M 30AUG 1 FRAICN HK1  1900  1230#1 /DCOZ*QEUDR7 /E
PHONES
  1.SEL 02-777-9999 AAA TRVL KIM-T
  2.SEL 017-888-9999-T
PASSENGER DETAIL FIELD EXISTS - USE PD TO DISPLAY
TICKET RECORD - NOT PRICED
REMARKS
  1.DIVIDED/Z0F8*ANU 2101/08NOV09 IBPBPA
  2.H-SPLIT FR/210137/08NOV09 IBPBPA02/02 01/01 KIM/AIANA MS
Z0F8.Z0F8*ANU 2102/08NOV09 FBPEPB H
6P *
```

〈4단계〉 F(중간저장)

```
<PNR - IBPBPA>
 1.1KIM/ABACUS MR
 1 OZ 541M 01AUG 7 ICNFRA HK1  1230  1700 /DCOZ*QEUDR7 /E
 2 OZ 542M 30AUG 1 FRAICN HK1  1900  1230#1 /DCOZ*QEUDR7 /E
PHONES
  1.SEL 02-777-9999 AAA TRVL KIM-T
  2.SEL 017-888-9999-T
PASSENGER DETAIL FIELD EXISTS - USE PD TO DISPLAY
TICKET RECORD - NOT PRICED
GENERAL FACTS
  1.SSR ADTK 1B NBR TO OZ BY 08AUG10 SEL//OR WL BE XXLD
REMARKS
  1.DIVIDED/Z0F8*ANU 2101/08NOV09 FBPEPB
  2.H-SPLIT FR/210137/08NOV09 FBPEPB02/02 01/01 KIM/ABACUS MR
RECEIVED FROM - P
Z0F8.Z0F8*ANU 2057/08NOV09 IBPBPA H
```

〈5단계〉 6P

```
<PNR - IBPBPA>
 1.1KIM/ABACUS MR
 1 OZ 541M 01AUG 7 ICNFRA HK1  1230  1700 /DCOZ*QEUDR7 /E
 2 OZ 542M 30AUG 1 FRAICN HK1  1900  1230#1 /DCOZ*QEUDR7 /E
PHONES
  1.SEL 02-777-9999 AAA TRVL KIM-T
  2.SEL 017-888-9999-T
PASSENGER DETAIL FIELD EXISTS - USE PD TO DISPLAY
TICKET RECORD - NOT PRICED
GENERAL FACTS
  1.SSR ADTK 1B NBR TO OZ BY 08AUG10 SEL//OR WL BE XXLD
REMARKS
  1.DIVIDED/Z0F8*ANU 2101/08NOV09 FBPEPB
  2.H-SPLIT FR/210137/08NOV09 FBPEPB02/02 01/01 KIM/ABACUS MR
RECEIVED FROM - P
Z0F8.Z0F8*ANU 2057/08NOV09 IBPBPA H
6P *
```

〈6단계〉 E

```
<PNR - IBPBPA>
 1.1KIM/ABACUS MR
 1 OZ 541M 01AUG 7 ICNFRA HK1  1230  1700 /DCOZ*QEUDR7 /E
 2 OZ 542M 30AUG 1 FRAICN HK1  1900  1230#1 /DCOZ*QEUDR7 /E
PHONES
  1.SEL 02-777-9999 AAA TRVL KIM-T
  2.SEL 017-888-9999-T
PASSENGER DETAIL FIELD EXISTS - USE PD TO DISPLAY
TICKET RECORD - NOT PRICED
GENERAL FACTS
  1.SSR ADTK 1B NBR TO OZ BY 08AUG10 SEL//OR WL BE XXLD
REMARKS
  1.DIVIDED/Z0F8*ANU 2101/08NOV09 FBPEPB
  2.H-SPLIT FR/210137/08NOV09 FBPEPB02/02 01/01 KIM/ABACUS MR
RECEIVED FROM - P
Z0F8.Z0F8*ANU 2057/08NOV09 IBPBPA H
6P *
E
OK  IBPBPA
```

3. DIVIDE 작업의 유의사항

① DIVIDE 작업과 여정의 변경이나 취소 작업은 동시에 이루어져서는 안 된다. 따라서, PNR의 DIVIDE 작업이 모두 완료되고 난 후에 해당 PNR을 조회하여 여정 변경작업을 진행하도록 한다.

② DIVIDE 작업 후의 분리된 각각의 PNR 내용은 항공사 예약기록에도 동일하게 반영되었는지 반드시 확인해야 한다.

③ DIVIDE가 한 번 진행된 PNR을 다시 DIVIDE하는 것은 항공사와 GDS 시스템 간 상호 DATA 전송에 문제가 발생할 소지가 있으므로 가급적 피하는 것이 좋다.

〈정리〉

내용	애바카스
PNR 조회	*ABCDEF
해당승객 분리	D2 혹은 D1*3
RECEIVED FROM 입력	6P
중간저장	F
ORIGIN PNR 상에	6P
완성	E

연습문제

1. 다음은 DIVIDE 작업과 관련된 주의사항 및 특징에 대해 설명한 것이다. 올바르지 않은 내용은 무엇인가?

① DIVIDE할 경우 ORIGIN PNR과 DIVIDE PNR 상호간에 서로의 예약번호가 기록된다.

② DIVIDE는 동일한 PNR에 있었던 승객 중 일부가 여정을 취소하고자 할 때 사용된다.

③ DIVIDE 작업과 특정 승객의 여정 변경 및 취소작업은 동시에 이루어지는 것이 좋다.

④ DIVIDE했던 PNR을 또다시 DIVIDE하는 것은 항공사와 GDS 간의 DATA 전송 문제가 발생할 수 있으므로 가급적 피하는 것이 좋다.

2. 다음은 DIVIDE 진행내용이다. 빈 칸에 알맞은 지시어를 쓰시오.

1단계	*IBPBPA	PNR 조회
2단계		1번과 3번 승객분리
3단계	6P	RECIEVED FROM 사항 입력
4단계		중간 저장
5단계	6P	ORIGIN PNR상에 RECIEVED FROM 입력
6단계	E	저장 완료

제 **13** 장

사례별 PNR 작성

1. 일본 노선

승객	: 성인 2명(남녀 각 1명), 소아 1명(여, 9살)		
노선	: 인천 - 나리타 - 인천		
항공사	:	OZ	OZ
CLASS	:	C	C
일자	:	3월5일	3월 10일
전화번호	: 02-111-2222 AAI TRVL MS KIM 011-777-8888(핸드폰)		
SSR 사항	: 1번 승객을 위해 인천 나리타 구간에 야채식(VGML)신청		

〈완성 PNR〉

```
<PNR - LFRESC>
 1.1KIM/AAMR   2.1LEE/BBMS   3.1KIM/DDD MISS*C09
 1 OZ 102C 05MAR 5 ICNNRT HK3  1000  1210 /DCOZ*BZJ2FU /E
 2 OZ 107C 10MAR 3 NRTICN HK3  0900  1130 /DCOZ*BZJ2FU /E
PHONES
  1.SEL 02-111-2222 AAI TRVL MS KIM-T
  2.SEL 011-777-8888 -T
PASSENGER DETAIL FIELD EXISTS - USE PD TO DISPLAY
TICKET RECORD - NOT PRICED
GENERAL FACTS
  1.SSR CHLD OZ HK1/22DEC98
  2.SSR CHLD OZ HK1/22DEC98
  3.SSR ADTK 1B NBR TO OZ BY 12MAR10 SEL//OR WL BE XXLD
  4.SSR VGML OZ KK ICNNRT0102C05MAR
RECEIVED FROM - P
Z0F8.Z0F8*ANU 2251/08NOV09 LFRESC H
```

2. 동남아 노선

승객	: 성인 1명(여자) , 소아 1(여, 9살), 유아 1명(남, 17개월)
노선	: 인천 - 홍콩 X 싱가포르 - 인천
항공사	: OZ SQ
CLASS	: B B
일자	: 5월 15일 5월 19일
전화번호	: 02-111-2222 AAI TRVL MS KIM 011-777-8888(핸드폰)
SSR 사항	: 전구간에 아기 바구니(BSCT) 신청
OSI 사항	: 현지연락처 싱가포르777-8888 MS LIM

〈완성 PNR〉

```
<PNR - RMAMAK>
 1.1JUNG/AAA MS    2.1LEE/CCC MISS*C09    3.1I/LEE/BBB MSTR*I17
 1 OZ 301B 15MAY 6 ICNHKG HK2  0900  1150 /DCOZ*NEXFXB /E
 2   ARNK
 3 SQ  16B 19MAY 3 SINICN HK2  0905  1625 /DCASQ*I8UBVA /E
PHONES
  1.SEL 02-111-2222 AAI TRVL MS KIM-T
  2.SEL 011-777-8888-T
PASSENGER DETAIL FIELD EXISTS - USE PD TO DISPLAY
TICKET RECORD - NOT PRICED
GENERAL FACTS
  1.SSR CHLD OZ HK1/22DEC02
  2.SSR CHLD SQ HK1/22DEC02
  3.SSR    INFT    OZ    KK    ICNHKG0301B15MAY/20DEC08/LEE/BBB
  MSTR/17MTHS
  4.SSR    INFT    SQ    KK    SINICN0016B19MAY/20DEC08/LEE/BBB
  MSTR/17MTHS
  5.SSR ADTK 1B NBR TO OZ BY 22MAY10 SEL//OR WL BE XXLD
  6.SSR ADTK 1B NBR TO SQ BY 26MAY10 SEL//OR WL BE XXLD
RECEIVED FROM - P
Z0F8.Z0F8*ANU 2255/08NOV09 RMAMAK H
```

3. 미주 노선

승객	: 성인 1명(여자)
노선	: 인천 - 로스앤젤레스 X 뉴욕 - 인천
항공사	: OZ UA
CLASS	: M M
일자	: 12월 02일 OPEN(12월 28일)
전화번호	: 02-111-2222 AAI TRVL MS KIM 011-777-8888(핸드폰)
SSR 사항	: APIS 정보입력과 OZ구간에 당뇨식 신청(DBML) 성인-JR1234567/KR/09JUN72 여권만료일 -15OCT09 주소-987 MANIN STREET LAX, CA 76040

〈완성 PNR〉

```
<PNR - NFSDQB>
 1.1KIM/ABACUSMR
 1 OZ 202M 02DEC 3 ICNLAX HK1  1630  1200 /DCOZ*J9RAT7 /E
 2   ARNK
 3 UAOPENM 28DEC 7 JFKICN DS1
PHONES
  1.SEL 02-111-2222 AAI TRVL MS KIM-T
  2.SEL 011-777-8888-T
PASSENGER DETAIL FIELD EXISTS - USE PD TO DISPLAY
TICKET RECORD - NOT PRICED
GENERAL FACTS
  1.SSR ADTK 1B NBR TO OZ BY 09DEC09 SEL//OR WL BE XXLD
  2.SSR DOCS OZ NN1/P/KR/JR1234567/KOR/09JUN72/F/15OCT09/KIM/ABACUS
  3.SSR DOCA  KK D/US/987 MAIN STREET/LAX/CA/76040
  4.SSR DOCA  KK R/KR
RECEIVED FROM - P
Z0F8.Z0F8*ANU 2258/08NOV09 NFSDQB H
```

종합문제

1. 다음 중 세계에서 최초로 개발된 항공예약시스템(CRS)은 어느 것인가?

① SABRE ② WORLDSPAN
③ GALILEO ④ AMADEUS

2. 다음은 작업장 상태를 조회한 결과이다. 해당 화면을 설명한 내용 중 적절하지 못한 것은 어느 것인가?

```
Z0F8.Z0F8*AOZ.A
ACTIVE AGENT - SELNMC - 1234 - Z0F8
  KR T-ET       I-94       H-94   C-111
Z0F8.Z0F8*AOZ.B
  KR T-ET       I-94       H-94   C-111
```

① 현재 작업장이 A와 B, 2개 생성되어 있으며 사용자는 A 작업장에 속해 있다.
② 상기 점소의 여행사 점소코드(PCC)는 Z0F8이다.
③ 상기 점소에 설치되어 있는 Device로는 Ticket Printer, 여정표 Printer 그리고 CCCF가 있다.
④ 사용자가 모든 작업장의 SIGN을 일시에 삭제하기 위해서는 SO를 사용한다.

3. 도시 중에는 복수의 공항을 가지는 경우, 도시 코드와 별도로 복수의 공항 코드를 가지고 사용하는 경우도 있다. NYC(NEW YORK)라는 도시의 공항코드가 아닌 것은 다음 중 어느 것인가?

① JFK ② LGW
③ EWR ④ LGA

4. 다음의 주어진 조건을 AVAILABILITY 조회 지시어로 올바르게 표현한 것은 어느 것인가?

출발지 : 서울	목적지 : 싱가포르
출발일자 : 5월 24일	탑승 항공사 : 아시아나항공

① ST24MAYSELSIN
② ST24MAYSELSIN/OZ
③ A24MAYSELSIN@OZ
④ A24MAYSELSIN

5. 여정의 연속성을 지켜주기 위해 작성되는 ARNK 여정은 올바른 위치에 입력되어야 그 역할을 올바르게 수행하는 것인데, 다음 중 특정 위치를 을 입력하기 위한 지시어는 다음 중 어느 것인가?

① /1/3
② /01A
③ /2A
④ /2S1

6. 여정 작성에 있어서의 특징 및 유의사항을 설명하고 있다. 다음 중 올바른 내용은 무엇인가?

① 승객 중에 소아나 유아는 좌석 수에 포함시키지 않는다.
② 비항공 운송구간이 발생한 경우에는 여정에서 제외하고 입력해야 한다.
③ 여정을 작성한다는 것은 승객의 탑승정보를 이용하여 항공사로 좌석을 요청한다는 의미이다.
④ 연결편 항공사를 예약하는 경우에는 반드시 24시간 이상의 여유를 두고 진행해야 한다.

7. 아래에 조회된 화면에서 표시된 항목별 설명으로 올바르지 못한 것은 어느 것인가?

```
01JAN   TUE    PAR/Z#2        SEL/#7
1KE/AF  5902 C4 I4 Y4 S4 H4 Q4 CDGICN 1625  1020#1 777 H 0 DC
             L4 B4 V4 K4 M4                   ⓒ          ⓓ
2AF     264 P4 F4 A4 J4 C4 D4   CDGICN 1625 1020#1  777 MS 0 DCA /E
             Z4 Y4 K4 H4 W4 T4 V4 L4
3OZ     502 J4 C4 Y4 S4 M4 L4  CDGICN 2100  1600#1  777 0 CD /E 567
             B4 H4 X4 V4 K4 Q4 E4                              ⓑ
4KE     902 P4 C4 M4 J4 I4 W4 CDGICN 2150  1605#1 744 H 0 DC /E
             Y4 B4 E4 S4 H4 T4 Q4 V4 L4 K4
5AF/KE  262 J4 C4 D4 Z4 Y4 K4 CDGICN  2150  1605#1 744 MB 0 DCA
  ⓐ          H4 W4 T4 V4 L4 N4 G4 B4
```

① ⓐ는 두 항공사 간의 공동운항을 표시한 것으로 실제 운항은 AF가 진행하고 있다.

② ⓑ는 해당 항공편이 5일,6일,7일에는 운항하지 않음을 의미하는 것이다.

③ ⓒ는 항공편의 도착시간이 조회일 다음날 도착함을 표시하는 것이다.

④ ⓓ는 경유지를 표시한 것으로 0인 경우 경유지가 없음을 나타내는 것이다.

8. 다음은 저장된 PNR 화면이다. 입력된 선택사항 내용 중 PNR에 반영되지 않은 항목은 어느 것인가?

① 성인을 위한 당뇨식

② 승객의 출발 재확인 여부에 대한 REMARKS

③ 애완동물 운송

④ 사전 좌석배정

9. PNR에 작성되는 항목 중 사용자가 입력한 후 해당 항공사로부터 일정한 응답(회신)을 받아야 하는 항목들이 있다. 다음 중 그러한 항공사의 회신을 받지 않아도 되는 것은 어떤 것인가?

① 여행지의 현지 연락처 ② 기내식 신청
③ 대기좌석의 확정여부 ④ 사전좌석배정 결과

10. 다음은 미주국가를 입국하기 위해서는 반드시 입력해야 한다는 APIS 사항의 입력내용이다. DOCS 입력방식으로 내용을 입력하는 경우에 필요하지 않은 정보는 무엇인가?

① 거주국가 ② 여권번호 및 생년월일
③ 현지 체류지 주소 ④ 탑승항공사의 편명 및 도착시간

11. 다음 중 사전좌석배정 기능에서 배정된 내역을 취소하는 지시어는 어느 것인가?

① PRS@ ② 4GX1 ③ PRSX ④ 4G@

12. 다음은 선택입력사항 입력을 위해 사용되는 지시어의 예이다. 올바르지 않게 사용된 것은 어느 것인가?

① 7T*TK9881234567890 ② 6MR KIM 011-222-3333
③ 5*DEP CHK OK BY MR PARK ④ FFOZ123456789-1.1

13. 다음의 PNR 작성 예 중에서 PNR의 저장이 올바르게 되지 않는 경우는 어느 것인가?

① 성인 2명, 유아 1명 승객을 위해 3개의 좌석을 요청했다.
② 여행사 전화번호와 승객의 집 전화번호를 모두 입력했다.
③ 기차를 탑승하는 구간에 대해 ARNK여정을 작성했다.
④ 소아와 유아의 나이를 모두 입력했다.

14. 다음은 DIVIDE 작업 진행의 과정이다. 빈칸에 사용해야 할 적당한 지시어는 어느 것인가?

*ABCDEF -> D2 -> 6MS KIM -> ( ) ->E

① F ② I ③ ER ④ EWR

15. 아래의 PNR을 보고 바르지 않은것을 고르시오.

① ABACUS의 예약번호 : *EMFUOD

② 아시아나 항공사의 예약번호 : *CM7VP4

③ 싱가폴 항공사의 예약번호 : *LCMMDY

④ 승객의 체류지를 알려주는 메시지

16. 아래 응답결과는 아시아나항공의 좌석배치도 화면이다. 내용에 대한 설명 중 올바르지 못한 것은 어느 것인가?

① 좌석배치도는 승객이 예약한 등급에 해당하는 Class에 준하여 조회된다.

② 조회된 좌석번호 중 ……으로 표시된 것은 공항에서만 배정이 가능한 좌석이다.

③ 응답결과 중 24A24B는 사전 좌석배정이 가능한 좌석이다.

④ 추가 화면을 조회하기 위해서는 @MD를 사용한다.

17. 다음 중 수정 및 삭제 지시어로 올바르지 않은 것은 어느 것인가?

① X2

② 31@OSI OZ LCTC HKG 109-0292 MR KIM

③ 4G1@

④ -2.1@

18. 다음 조건에 맞게 PNR을 작성하신 후 저장된 PNR 화면과 함께 제출하시오.

*승 객 :	본인(본인이름 필수), 유아 1명			
*여 정 :	10월의 아무일자	SEL - NYC	"OZ"	M-Class
	1개월 뒤	LAX-SEL	"OZ"	M-Class
*연락처 :	자유입력			

*전구간에 애기바구니를 요청하시오.

*본인의 마일리지카드 정보를 입력하시오.(카드번호 : OZ004673002)

*본인을 위한 야채식을 1번 구간에 신청하시오.

19. 다음 조건을 이용하여 PNR을 저장하시고, 최종 결과화면을 제출하시오.

승 객 : 본인(본인이름필수) 외 추가 1명, 소아 1명(남, 6세)
여 정 : 2월의 아무일자 SEL-FRA "OZ" M -Class
3일 뒤 FRA-LON "LH" Z-Class
3일 뒤 LON-SEL "OZ" M- Class

연락처 : 자유입력

- SEL-FRA 구간에 대한 좌석배정을 진행하시오.
- 소아를 위한 기내식을 LON-SEL 구간에 대해서만 진행하시오.
- REMARKS 사항을 입력하시오.(RCFM BY PAX 010-333-3333)

20. 다음 조건을 이용하여 PNR을 저장하시고 DIVIDE 한 뒤 ORIGIN PNR과 DIVIDE PNR을 모두 제출하시오.

승 객 : 본인(본인이름 필수) 외 추가 성인 1명, 유아 1명
여 정 : 9월의 아무일자 SEL-KUL "MH" B-Class
1주일 뒤 SIN-SEL "OZ" M-Class

연락처 : 자유입력

PNR을 저장한 후 본인을 DIVIDE 완료한 뒤 SIN-SEL 구간을 동일한 날짜의 HKG-SEL "OZ" M -CLASS로 여정을 변경하시오.

참고문헌

1. 토파스여행정보(주), 예약, 2013.
2. 아시아나 애바카스(주), 예약, 2013.
3. 장호찬 외, 항공예약발권 2, 한국방송통신대학교출판사, 2009.

참고자료

1. http://www.topas.net/intro
2. http://www.abacus.co.kr
3. http://www.golileo.co.kr
4. http://www.worldspan.co.kr

저자소개

정호진

경희대학교 호텔관광대학 관광경영학 석사
대한항공 발권과 근무
CATHAY PACIFIC 공항 발권과 근무
(주)리츠월드 여행사 실장
아시아나 애바카스(주) CRS 예약, 발권 교육 강사
현) 우노여행사 부장
백석예술대학교 항공서비스과 겸임교수
한국방송통신대학교 관광과 강사
동원대학교 외래교수

현복희

계명대학교 대학원 관광경영학과 경영학 석사
경기대학교 대학원 관광경영학과 관광학 박사
대경대학교 겸임교수
한국관광산업학회 이사
(주)엘리트여행사 국제부 부장
현) (사)한국관광산업포럼 이사
세명대학교 호텔관광학부 강사
상지대학교 관광학부 강사

〈제4판〉
항공예약실무

2009년 1월 31일 초 판 1쇄 발행
2014년 2월 25일 제 4 판 1쇄 발행

저 자 정 호 진 · 현 복 희
발행인 진 욱 상 · 진 성 원

발행처 백산출판사

서울시 성북구 정릉로 157(백산빌딩 4층)
등 록 : 1974. 1. 9. 제 1-72호
전 화 : 914-1621, 917-6240
FAX : 912-4438
http://www.ibaeksan.kr
editbsp@naver.com

값 17,000원
ISBN 978-89-6183-246-5